故纸浮生 ：我在清华读文书
GUZHI FUSHENG: WO ZAI QINGHUA DU WENSHU

出版统筹：汤文辉
出 品 人：乔祥飞
责任编辑：周卫平
助理编辑：杨　磊
责任校对：朱时予
　　　　　王　琦
责任技编：王增元
书籍设计：布宪勇

图书在版编目（CIP）数据

故纸浮生 ：我在清华读文书 / 魏成光，郑妙苗编著；郑妙苗等撰写. --桂林 ：广西师范大学出版社，2022.11
ISBN 978-7-5598-5471-1

Ⅰ. ①故… Ⅱ. ①魏… ②郑… Ⅲ. ①契约－文书－研究－华北地区 Ⅳ. ①D927.203.6

中国版本图书馆 CIP 数据核字（2022）第 185614 号

广西师范大学出版社出版发行
（广西桂林市五里店路 9 号　邮政编码：541004
网址：http://www.bbtpress.com）
出版人：黄轩庄
全国新华书店经销
北京博海升彩色印刷有限公司印刷
（北京市通州区中关村科技园通州园金桥科技产业基地环宇路 6 号
邮政编码：100076）
开本：880 mm ×1 230 mm　1/32
印张：6　　　　字数：115 千
2022 年 11 月第 1 版　　　2022 年 11 月第 1 次印刷
定价：78.00 元

序言

历史学研究的新突破，一赖新史料的发现，二赖新观点的阐发。比较而言，在传统历史学研究领域，新史料的发现更为史家所看重。1925 年，王国维先生在接受清华学生会邀请所做《最近二三十年中中国新发见之学问》演讲中说："古来新学问起，大都由于新发见。"新史料对史学研究之重要性，怎么估计都不为过。因此，新史料的每次发现，都会引起史学界的极大关注，并会引起学术研究的大突破、大发展。比如，甲骨文的发现和解读，不仅使我们对汉字的形成和演变有了更深入的了解，而且使我们对先秦史的认识大大拓展——甲骨文证实了原来一直被认为只存在于神话中的殷商时代的存在；敦煌文书的发现，不仅使我们更全面深入了解佛教传入中国的过程，而且为研究中国中古时代的历史和社会生活提供了不可多得的各种材料；内阁大库档案的发现，为研究明清历史提供了第一手的资料，甚至成为傅斯年"史学便是史料学"的最好佐证；而近百年来不断出土的简帛文献，则是为我们开启了一座美不胜收的“地下图书馆”，给我们研究战国秦汉魏晋时期的历史提供了宝贵资料。

比较而言，契约文书的发现和利用要晚一些。在二十世纪三四十年代，著名社会经济史学家傅衣凌先生最早将契约文书运用在学术研究之中；不久之后的二十世纪五十年代徽州文书的发现和研究，则使中国社会经济史的研究进入一个全新的阶段，甚至形成了以徽州文书为核心的“徽学”，引起了国际学术界的关注。正是因为徽州文书等资料的发现，学者对区域社会经济史进行细致而微的研究成为了可能——学者利用各式各样的文书，比如土地契约、婚约、政府册籍、公告执照、私家账簿等等，得以对宋元以来，尤其是明清时期的社会生活进行全方位的揭示。因为契约文书距今不远，且其重要性越来越受到大家的重视，因此不断给我们惊喜，继徽州文书之后，全国各地陆续都有成批契约文书的发现。北至内蒙古、东北，西至新疆，西南至云南、贵州，南至福建、广东、海南等地，都有各式文书被学术界关注或利用，著名的如清水江文书、浙江石仓文书、福建文书、太行山文书、黑水城文书等，都陆续整理出版，并产生了大批研究成果。

尤其可喜的是，清华大学也敏锐意识到了契约文书这类资料的重要性，及时收藏了一批珍贵的契约文书。截至2022年，经过十年左右的时间，清华大学图书馆陆续收藏了十余万件各类契约文书。从全国范围来看，清华图书馆所藏契约文书的数量虽然不算最多，但是有自己鲜明突出的特点。首先，契约文书内容的地域覆盖范围几乎都在华北地区，主要是山西、山东、河南、河北等地，因此可简称为“华北文书”；其次，归户文书多，时间连续性强，比如山西一张姓家族的土地买卖契约就多达一百六十八份，时间跨度有二百余年；再次，清华所藏契约文书，完全以教学科研为中心、为教学科研服务，因此购入时特别重视文书的整体性，购入后则又特别重视文书的整理、编目以及数字化。

也正是因为有这批珍贵的契约文书资料为基础，清华大学围绕华北社会经济史的研究才得以开展相关科研活动，目前已经成功申报了多个课题，并取得了一批研究成果。更为重要的是，我们从一开始就意识到学校最重要的任务是教书育人，因此应该充分利用这些资料来培养年轻人。我们的想法得到学校领导的支持，尤其是得到了图书馆领导的大力支持。在图书经费非常紧张的情况下，图书馆每年都愿意拿出一笔不小的经费采购契约文书；购进后又投入不菲的人力物力进行修整、扫描、编目、录入等非常细碎的工作。这些工作为教学科研提供了极大的便利，意义重大，不仅多位硕士、博士的学位论文大量使用了这批材料，很多学生和年轻老师也利用这批材料发表了高水平的学术论文。

本书是清华人文学院学生与图书馆员利用馆藏契约文书而撰写的，他们以趣味的角度、通俗的语言、典型的文书图片向大众展示清华馆藏文书的物质形态和珍贵内容。从主书名“故纸浮生”中就可以看出，本书聚焦于中国古代传统社会中的芸芸众生，介绍他们的土地交易、科举考试、传统婚姻等活动。例如，书中展示的乡试卷让大家看到清代的试策是如何设问、考生是如何回答的；对鱼鳞册的介绍让读者能明白它的形态以及作用，还能窥见当时至今日的地理变迁信息；对苏州码的解读，让人能迅速了解在古代普遍使用的一种计数系统；等等。尽管他们提出的问题和具体的论述可能还比较稚嫩，但对于大众了解契约文书以及相关的历史知识是非常必要的，因为这些知识在常规史料及教科书中无法看到。更可贵的是，这些文章所依据的完全是第一手的资料，他们敢于在书中提出自己的见解，向社会努力普及中国民间文书的知识，这是应该值得特别鼓励的。假以时日，我相信他们能够发掘更宝贵的材料，思考更多有新意的问题，取得更重要的研究成果。此书的出版，不仅能让学界愈加重视清华馆藏的珍贵文书，还可以促进大众对民间文书的了解与关注，增强对文书的保护意识。

特别感谢清华大学图书馆给他们提供这么好的机会！

仲伟民

2022 年 10 月 8 日

目录

清代、民国契约文书

正如王国维所说“古来新学问起，大都由于新发见”，新史料的出现往往推动学界的进步。二十世纪初殷墟甲骨文、汉晋简牍、敦煌文书以及内阁大库档案等四大新史料的发现，是支持和激发中国现代史学建立和发展的重要因素。而二十世纪中后期以来，以清代、民国为主要时段的契约文书大量涌现，数量以几十万甚至百万计，这些材料不断整理出版，堪称新史料的第五大发现。契约文书的发现遍布全国各地，形成了徽州文书、清水江文书、浙江石仓文书、福建文书、太行山文书、清华大学图书馆藏文书（以下简称“清华馆藏文书”）等文书群。这一“文书热”引起了学界的轰动，激发了众多学者以不同区域的契约文书为主要的史料来源进行研究探索。近年来，契约文书研究以多样的研究视角、丰富的研究成果，呈现出欣欣向荣之势，让我们对中国历史中的民间社会运行秩序和发展状况等宏观议题有了新的认知和推进。然而，以往由于文书搜集状况等原因，契约文书研究在研究区域上多集中于南方，在研究内容上面临“碎片化”的困境。而近几年对清华馆藏文书、太行山文书等大批集中于华北的文书的收集整理，使得人们的目光开始转向了华北区域。

一、清华馆藏文书中的契约文书

清华大学图书馆自二〇一〇年始，陆续收入大批民间契约文书，目前已藏有文书资料十万余件，其地域范围以河北、河南、山西、山东等华北四省为主（此处“华北”的地域概念参照仲伟民《作为区域的“华北”：概念渊源及流变——兼析明清社会经济史视野下的“华北”》一文），在华北地区中又以山西地区为主，也涉及云南、新疆、福建和境外的越南等地。时间跨度自明代起，下至中华人民共和国成立后，以清代、民国数量为最。类型以土地契约为主，包括经过官方认证的红契，也有民间私下交易的草契、白契。形式丰富多样，除土地契约，还涵盖合同文书、婚约文书、税票账簿、政府册籍、公告执照、书信礼札等。值得注意的是，目前所收的山西襄汾文书中共有四百二十三户归户性文书，具有很高的集中性。清华馆的“归户文书”

指以文书的事主或当事人为归户依据（多以家户为主），以一户为单位整理编纂的文书。鉴于其他华北地区发现整理的契约文书以散件文书为主体，故清华馆的归户文书具有极大的史料价值。并且，每户的文书数量也非常丰富，目前统计最多的一户涉及二百零三分文书。清华馆藏契约文书有利于学界全面细致地还原当时家户的历史变迁、经济活动，以个案为切入点来系统观察当时华北农村社会的生活与历史，有利于以民众的日常生活为视角来观察和重构总体的中国史研究叙事。

契约文书是约定人与人之间权责义务的协议活动的物质载体，目前已经成为历史研究中不容忽视的重要史料。虽然在西方契约理论的影响下，传统和现代的"契约"概念已经在价值、意义等方面有着明显差异，然而当我们回顾历史中"契约文书"的内涵时，可以发现在现代民间实际的契约实践中，传统契约文书的行为习惯并未消失，仍然是构成今天我们契约关系和行为的重要逻辑之一。近一个世纪以来发现出版的大量集中于清代、民国时段的契约文书，不仅对了解和认识中国历史中的地方社会秩序建构和运转至关重要，也对理解和明晰目前中国的契约立法规定和实际运行之间的复杂关系、理解中国民间存在的复杂社会关系的构成意义重大。

目前学界对契约文书并未有严格的定义，提法众多。然而不论是从学科建设的角度来看，如二十世纪八十年代杨国桢所提出的"中国契约学"、华南学派郑振满等倡导的"民间历史文献学"、中国社会科学院历史研究所黄正建等所建立的"中国古文书学"等议题所提议的材料范围，或者从众多的契约文书资料研究中实际的史料来源来看，不同的研究者对契约文书有着大致相同的概念区间。狭义的契约文书可单指契约；广义的契约文书大体上是典籍之外，日常生活中种种以手写为主、较为原始的、记载约定的文书的泛指。契约文书的材质也不只限于数量占比最多的纸张，甲骨、简牍、青铜、石碑等都可以作为契约文书的载体。中国的契约文书历史悠久，有实物可考的契约文书可以追溯到西周时期的铜器铭文。契约文书可以是契约原件或是抄件；其性质既包括官文书，也包括私文书；其存在形态既有散件，也有簿册。清代、民国的契约文书中纸质的私文书在数量上应为最多。

就契约文书的内容来说，其类目五花八门、包罗万象，本文在此列举一些常见的种类如下：土地类文书，有“田房林水”等各类土地的活卖、死卖、典当、租佃各类交易活动的契约，还有以土地分割为主的分家书等；商业类文书，有借约票据、商店账簿、相关执照、商业合同等；民俗类文书，有婚书、祭祀文书、信函书札、承继文书、诉讼文书等；教育类文书，有日用类书、科举试卷、毕业证书、教育机构委任状等；公文类文书，包括政府告示、咨文、政令公文、捐纳文书等；其他文书，如少数民族文书资料（如蒙古文、满文文书等）；等等。在这些品类中，土地类文书占绝大多数，是文书群的重要组成部分。

清代、民国的土地类文书，不分时期和地域，在制式上总体都趋于一致。甚至是南方以苗族、侗族等少数民族为主体的清水江文书中遗存的大量土地文书，在各基本要素上都与中原契约文书大致相同。契约文书形制从唐、宋之后就逐渐完善，至清代、民国基本稳定统一化，这也体现了传统社会的财产制度、信用关系和交易环境的统一化和普遍化。理解契约文书的基本形制，是理解契约文书内容的第一步。通过清华图书馆藏的文书实物图像，我们可以直观看到契约文书是什么样的。

以图 1 契约文书为例，这是一份清代同治九年（1870）十一月初二日山西嵲县（现原平市）的房院绝卖文书，左侧粘连同年的契尾。

一开头的“立卖永远地契”说明了契约的性质为“绝卖死契”。中国历史中的土地权属以多种层次多样地存在着，而不是仅限所有权一种，因此地权转移情况不只有买卖这一种方式，土地交易的形式十分复杂，从而造成土地契约文书的种类也各式各样、大不相同。不同地权转移伴随的土地交易契约文书还有活卖契、批契、典契、换契、田骨 / 皮契约以及租佃契约等等。此份契约属于绝卖死契，其含义即为卖主将地权一次性卖断，在此次收取地价之后，这块土地的所有权就全部转让给了买主，后续不会再找买主要回地权或者加价。后面立卖契人“亢衡”即为此次土地产权完全转移中的卖主姓名。

土地是农耕社会人们赖以生存的基础，有关土地交易的行动大多是深思熟虑、谨慎决策的结果，土地交易的决策也不是任何人都能随意妄为，在契约中则体现为立契人姓甚名谁。立契人通常都由一家之中的男性家长充当，此份契约也不例外（在男性家长去世等其他较为偶然的情况下，年长的女性会来主持立契，在契约文书中女性的称谓一般写作“某某氏”“某门某氏”等）。由于中国民间社会在历史上基本以家族为单位存在，立契人在一定程度上也代表了家长对家产的处分权力。通过对契约文书上立契人的名义进行统计调查研究，研究者可以进一步了解在家族中处置家产的程序和权力者，具体而微地深入理解中国基层家族社会运行的伦理逻辑和实际操作。

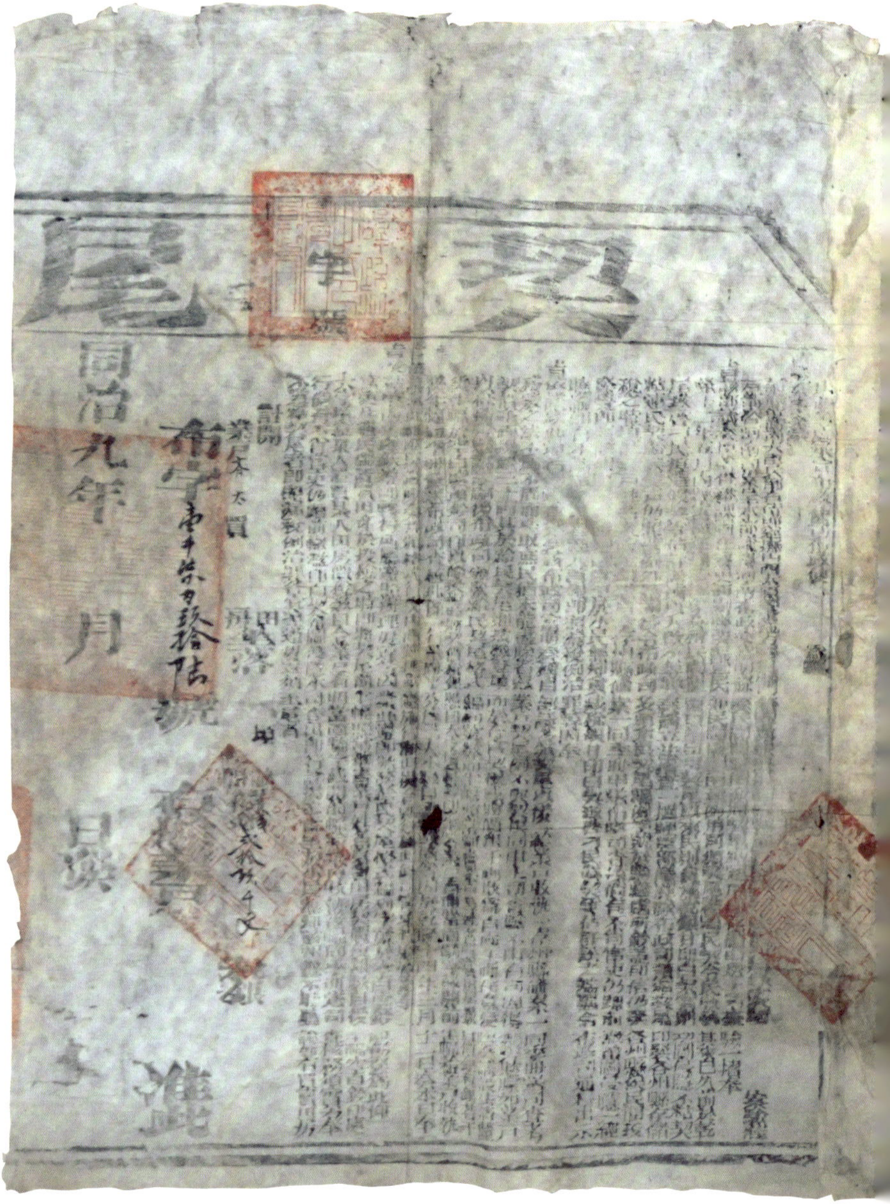

图 1 同治九年（1870）房院绝卖文书

立賣永遠地契約人亢衡今將自己院嫁地壹段係東西畛南至
王三其北至買主東頂天義成西頂頭文連二段係南北畛東至買主
西至李前銀南頂買主北頂杜寬二各四至分明共計地壹畝情愿出賣
與胥泰永遠耕種為業同人言明作價錢弍拾玖仟文当交不
欠其地粮照畝過割恐口無憑立永遠契約為証

與中 驗

大清同治九年十一月初二日

廿元 角

知見亢王模 亢秀 樊宣揚

十 十 十

上件文书“今将自己院家地一段”及之后的几句话则写明了土地的性质（院家地）、具体位置（东西南北四至）以及确切面积（一亩），详细地说明了土地具体信息。接着“情愿出卖与齐太永远耕种为业”，写明了土地买主为“齐太”。“同人言明”等字即表明买主、卖主和后面签名的知见人等三方共同商议并确定了这块土地的卖价。契约文书中土地的价格和所用货币种类成为社会经济史家研究的重点类目之一，众多研究者通过统计和比较不同土地交易形式中的土地和价格信息，在众多问题上获得了重大突破，如当时人员不多的基层“小政府”如何清丈和确认广大辽阔的中国乡村土地面积，登记、了解各时段各地乡村的货币使用情况，比较全国的地亩是否有着较为统一的价格（即全国范围是否存在较为统一和自由的土地市场），等等，这些都是关乎理解整个中国叙事的重大问题。

此份契约接下来则主要是避免纠纷的内容，类似“免责声明”。表明买地钱已经当面交齐，没有亏欠；和这块土地相关的税粮也同时“过割”给了买主，即由买主承担此后这块土地的纳税责任。此契约即为此次土地绝卖交易的凭证。最后另起顶格写明立契日期（往往日期下方也会写卖主的名字，不过此份契约为空栏），结尾有立契时同在的知见人（一般会根据其在交易中扮演的角色，而将之写作“中人”“中见人”“在伴人”等等）以及代书人的名字及其画押。在土地交易过程中，中人不仅仅是立契在场的见证者，也往往在交易之前为卖主和买主牵线搭桥，在交易之后调解纠纷，是促成和维护土地交易的重要一方。中人在契约文书中承担了中间人、调停人、担保人等多样的角色和功能，已经有不少研究者从民间私法秩序、规避交易风险、熟人社会网络等法制史、经济史、社会史多角度来理解中人在契约关系中的特殊意义和价值。

土地交易与赋役制度密不可分，这也是历代王朝财政的核心来源之一。土地交易虽为私人活动，但官方也不能缺席。土地交易活动关系到国家对土地和户籍的统制。赋税征收和户籍人口管理等重要的政策方针都根植于国家对土地的管理。土地契约文书成为国家掌握和控制基层土地变化的重要一环，首先体现在此份契约左侧粘连的同年契尾，即为这次土地买卖活动经由官府认证，官府对此次交易收取定额契税的凭证。税契由来已久，据研究，大概在东晋已经产生，在明清时期形成了较为完善的制度。契尾的性质不局限于是交契税的收据，还具有确认地权转移至买主的法律凭证作用。如契尾印刷内容说明了契尾的印制和颁发过程：承宣布政使司印发契尾给各州县，当百姓有地产交易需要交税时，在契尾留空处填明双方姓名、地产及其价格、税银等具体内容，“令业户看明，当面骑字截开，前半幅给业户收执，后半幅同季册送司查核”。因此契尾往往是一式分为两份，一份交与买主粘连契约，一份存留州县备案。死契左侧边缘有完整印章一半的痕迹即为一式分为两份的证明。此份死契在地权转移给买主的同时，也意味着由买主负责缴纳此块土地的税粮。因此，契尾的作用除了证明缴纳契税，也意味着这次交易得到了官府的认定，此后再有关于本块土地权属或者赋税交纳的纠纷就有了法律凭证，在司法判决中具有法律效力。

官方所提供的法律凭证，除了契尾，还体现在此份契约文书上几处红色的官印。可以看到官印盖在了地亩面积、地价数目、立契时间、契约编号等关键信息上。一方面，盖印是防止对契约内容进行篡改；另一方面，这也是表明了本次地契所代表的地权交易已经关系和社会秩序。中国最广大的基层民众的生活逻辑和关系、中国最基本的地方社会的运行秩序和规则，在很长时间中都是被上层知识分子和精英群体所遮蔽和忽视的。

1. **研究主题的变迁**

受到西方理论的影响，在十九世纪末二十世纪初中日两国都以了解和认识中国民间社会为直接目的，在各地进行了大规模的民商事习惯调查，在此过程中搜集了大量的契约、合同、票据、账簿等文书材料。对契约文书的研究就从理解这些文书的内容开始。中国的民商事习惯调查起始于清末民初的民法起草。在西学影响下，清政府乃至民国的北洋政府试图建立现代化的法律制度，主持修订民法典，多次在各省开启民商事习惯调查，在调查过程中搜集了大量民间契约文书。传统中国特有的“典”“田面”等土地交易习惯也在契约文书以及采访调查中被发现并得到重视。日本在当时则是出于侵略殖民的需要，为了解中国社会的实际情况而在东北、华北、华南等地进行长期大规模的社会习惯调查，在此期间调查员收集了大量契约文书等原始的民间文献，也开启了通过契约文书研究来厘清和分析中国地方社会私法秩序的方法。

在理解和把握这些中国特殊的契约关系时，学者最先尝试的方式就是将西方已经成熟的法律概念体系类推于中国的契约文书内容之上。在调查收集的契约文书等民间资料的基础上，《中国民事习惯大全》《民商事习惯调查报告录》等社会调查报告就尝试将中国各式各样的风俗习惯，在西方化的民法体系中以债权、物权、亲属、婚姻、继承等类目进行条理化、系统化。而中国固有的一些概念，如土地的“典”，其本义是允许典卖人拥有回赎权的土地产权转让习惯，在中国民众的实际生活中使用已久，却是西方近代化的法律中所没有的概念，像这种中国特有的财产交易行为和制度如何在法律范畴和法理中得以理解和界定，引发了学界巨大的争议。很多学者尝试移植或改造各种西方法学概念解释中国民众实际生活，如将借贷关系中“抵押”“质权”等概念来取代“典权”。但由于很多西方近代法学概念并不能契合中国的社会实际，引发了学界关于契约文书等民众生活中所呈现的法权概念的争论。二十世纪前中期，中日学界出于时局所需，为了理解其时中国社会现状而进行的以法学为主的契约文书研究，在二战后转向了历史学领域。

二战前后的契约文书研究主要是以西方近代法学的概念界定和讨论传统中国社会契约文书的法律性质，在战后尤其是二十世纪七十年代后，以日本学界为主力的中国法制史研究的方向转为从契约文书来看中国古代民事法权观念和民间契约关系的性质。例如，传统中国土地产权观念和形态、民众的财产交易活动等议题，依托契约文书材料，在这一阶段开始有了大量的研究。对契约文书中出现的买卖、典当田面这一种特殊的契约形式，就引发了日本和后来中国学界对“田面田底”属于何种产权性质的激烈争论。在契约文书中一块土地可以分为“田底”和“田面”（也有叫作“田骨”“田皮”等其他名称的情况，性质都大略相同），并且这两种土地权属都可以分别进行买卖、典当等交易。面对这种“一田二主”的特殊情况，藤井宏等人认为这是因佃户的耕种权而产生的，有着能够牵制地主所有权的作用；草野靖等人则认为是佃户“与地主所有权并不抵触的工本请求权”的结果。此次争论所指向的，是战后对契约文书中呈现的传统土地交易习惯下，明清以来的土地所有权是否存在类似于西方近代以来的一元化、绝对化的土地所有权性质的研究和讨论。在契约文书中大量反映出来的亲族先买权、找价活卖、田面田底等现象，是否又体现了中国传统社会中源自共同体关系的“前近代”限制表现，这样的思考和发问在这一时期借助契约文书得到了热烈的讨论。

在二十世纪八十年代，寺田浩明突破前一时期学人建立在土地实体上对地权概念的讨论。他着重于土地契约文书中每每出现的“业”一词，认为在契约文书中体现的交易对象并不是物理实体的土地，而是抽象意义上的在这块土地上经营和收益的“业主权”，因此从一田一主的绝卖到一田二主的田底田面分别买卖等各类土地交易习惯，都是在不同程度和形态地获得经营收益的正当性。如此，寺田浩明试图脱离前人深受西式近代化思维影响的认知，立足于契约文书中原有的传统社会结构的自身表达和认知，他突破性地将土地契约关系的种种结构类型纳入一个相对完善的法秩序理论体系。基于把中国民众自身对社会的观念和理解作为分析研究社会结构的中心这一独特视角，寺田浩明提出前人未有的新见解，这是对之前传统中国社会土地法研究的一种“范式转换”。

二十世纪八九十年代以来，随着契约文书和地方档案的大量开放和出版，以及中国学者与日本、西方学者的交流渐趋频繁，契约文书的中国法制史研究在中国和西方都有了急速增长和长足发展，学者大多结合契约文书、司法档案等多种材料，通过民事纠纷的主体和场所、调解依据和机制等内容，来探究大量存在于民众日常生活中的契约关系在国家成文法、司法审判实践以及民间旧有习惯之间的运行秩序。借助大量契约文书等民间地方文献，除了探究维持中国民间社会的数量巨大而又纷繁复杂的契约秩序如何运作，以往在中外研究者心中的谜团，如支撑和维系其契约活动的法律稳定性是如何产生并存在的，开始渐渐显露出线索和方向。例如“中人制度”是契约文书中表现出来的中国社会的独特现象，立契时临时形成且多样化的中人群体在缔结及维护契约关系秩序的过程中充当了中介与证明，甚至担保人等多种角色。产生中人现象的中国社会机制表现出其权利界定过程的互相妥协和非程式化的不透明状态，这与西方专门的公证人职业群体的存在有着截然不同的社会底层逻辑。契约文书等民间文献也给予了研究者一个通道，可深入了解民间社会自生的惯习安排和地方州县“自理”民事案件时的审判过程。在“找价回赎”“典卖”等契约实践和审判表达中，研究者发现国家官方正式法律和司法制度表达，与民间非正式的情理的妥协和调解实践之间，二者并不是泾渭分明的。黄宗智将其理解为法律制度在正式与非正式之外的“第三”或“中间”领域，寺田浩明则认为这是处于一个不断有人“倡首”标准、有人“唱和”调解的循环反复的动态契约秩序。愈来愈多的研究者通过契约文书等文献资料自身的内容表述，而不是以西方近代社会或日本社会历史的对比，理解当时当地民众的语言和情境，来建立一套属于中国基层地方社会的运行机制解释体系。

2. **研究范式的转向**

体量巨大的契约文书的发现，表明民间存在长期活跃的契约活动，建立和维持起没有国家成文民法典规定的地方社会行为活动，那么传统中国社会是否为具有稳定秩序的“契约社会”？通过对契约文书的研究，不同学者在不同时期都提供了各异甚至相反的意见和解答。究其原因，可能是契约文书在不同历史时期的发现程度和数量有所不同，但更重要的还是学者们在观察契约文书时所处的现实生活和立场角度有所不同，从而导致不同时期的契约文书研究范式也经历了极大的转向。

以日本学界的契约文书研究为例，在其调查了解中国社会性质的时候，他们发现很多传统中国在没有独立民法典的情况下，以大量活跃和成熟的契约活动建立起事实上的民事规范，这种民间自行生发的民事契约关系引发了日本学者的兴趣。在二战前后的契约文书研究发展初期，日本研究者往往将契约文书作为民间习惯法的体现，将西方近代法的概念套用移植改造于对中国社会的认识。直至二十世纪七十年代，日本学界对契约文书中土地所有权形态的争论，以及对契约中体现的宗族意识、王土意识等的讨论，其实都是在共同体和现代化相关主题的大讨论下进行的。其手法都是将西方作为参考标准，将中国的情况与西方和日本进行对比。有时这一时期的研究理论预设过于强烈，导致研究多关注于契约文书中的土地产权是否属于西欧近代化绝对化的土地所有，或者讨论现代化的另一面，即中国社会是否依旧存留强烈封建性质的宗族、王土的限制等这类问题。海量契约文书的发现说明传统中国民间社会由庞大复杂的契约关系构成，而在西方社会具有重要意义的“契约自由”等现代化的契约理念，却与中国社会表露的种种现象相悖。传统中国是否属于“契约社会”的问题其实本质上就是中国社会有无现代性的问题，这一讨论学术根源则是想探究日本社会应定位为与中国相同的亚洲型社会，还是西欧型社会，以及日本现代化该往何处去的本国现实问题。在二十世纪八十年代之前，以日本学者为主的中国法制史的契约文书研究方向都是在世界史的关怀下进行的，并将中国社会与西方的封建和近代社会相对比，来看其中的民事契约关系和民事秩序规范的特征。

然而，二十世纪八十年代以来，由于社会现实和学界影响等各方面的原因，日本学者渐渐发现这样以西方为中心的理论前提似乎也是有问题的，于是转而从中国自身寻找其特质。日本学界将中国社会放置于西方社会模式中的某一发展阶段的尝试逐渐减弱，寻找中国社会自身的特殊性质的主张逐渐强烈。随着此时日本学界以森正夫为代表的“地域社会”理论的盛行，契约文书在各地的逐步发现也使得中国法制史视野下的契约文书研究主题越来越集中于具体的地域和现象的讨论、减弱宏大理论的关注。通过关注契约文书中所呈现的中国社会的情况，中国法制史的研究者建立了进一步的认知和解释。正如寺田浩明所说，传统中国的民间社会秩序仿佛处于“拥挤的电车”之中，在人与人之间大体默然均衡的安静状态下，为了自身的利益主张来“互相调整进退”的动态模糊模式。在车厢拥挤的状态下，每个乘客对其所占据空间的需要和能力也不相同，在默然安静的拥挤状态下难免互相推搡和退让。而在解决和处理争端时，也只能为恢复事实上的一时安定和互相容忍的局面，而采取岸本美绪所说的“中”的平衡之道。其中，既有类似“权利诉求”的现象，也有存在事实上的“不确定的权利”或“关系产权”等这样残缺的权利；既形成了较为均衡稳定的法的秩序，但又不固定于形式规定，执行着灵活裁决的思维方式。研究者不再追问中国社会是否属于欧洲式近代化的“契约社会”，而是更加关心中国地方社会自身固有的特性，关注当时的人们是以什么样的观念来做出怎样的行为活动。

（二）社会经济史的研究方向

如果说日本学界对契约文书的研究主要以中国法制史的方向切入，那么中国学界对契约文书的研究则沿着社会经济史的路径开拓出一片天地。从大方向的学理角度来说，其学术潮流起始于二十世纪初梁启超倡导“新史学”，建立区别于帝王将相旧史学的“民史”，强调账簿、族谱等民间文书的重要性，“在寻常百姓家故纸堆中往往可以得极珍贵之史料”。在这场“眼光向下”的“史学革命”的深刻影响下，中国的历史学研究开始转向民间地方社会，对史料的概念范畴也扩充到了以往所忽视的契约、账簿、族谱等民间文书，学者们开始以历史学的角度来发掘整理契约文书并且进行学术研究。

1. 研究主题的变迁

对中国的契约文书研究有着首创之功的，是以傅衣凌、梁方仲等人为代表的“社会经济史学派”。傅衣凌在二战时期为躲避战乱，回到福建农村老家，偶然发现了一批明末至民国的闽北契约文书，其中包括了土地交易契约、借贷字据、分家文书、家计账簿等。傅衣凌在新史学潮流影响之下，加之在中日两国受到经济学、社会学等学科的训练经历，使得他极其重视这偶然得来的契约文书史料。他利用这批资料，“从地权的转移与地价、租佃关系、借贷情况等方面系统地研究永安农村社会经济的结构”，整理出版了《福建佃农经济史丛考》一书。他在研究范式上开创了将社会史与经济史相结合的“中国社会经济史学派”，在史料运用中强调“以民间文献（契约文书）证史”的方法，创立了以契约文书来研究区域经济史的先河，不仅在中国史学界影响深远，至今不衰，还远播至美、日等国汉学界，成为其重要的研究方法之一。具体到傅衣凌的契约文书研究内容，则无法脱离他所经历的轰轰烈烈的“社会史论战”的历史语境。

他从契约文书史料中发现的福建“赔田”的一田二主式的契约关系以及土地租佃形式和福建地方社会的经济形态出发，探索佃户与地主的身份性质，指向的是曾经争议纷纷的传统中国的阶级关系与社会性质等问题，最终立足于契约文书等史料之上提出了中国传统社会“多元结构论”“弹性论”等解释模式。

在中华人民共和国成立至今的很长时间内，利用土地契约文书来分析中国社会经济中的土地产权形态构成，是中国历史学界契约文书研究的主流热点之一，但其中的研究范式和认知结论在此期间有着日新月异的变化。在二十世纪七八十年代的契约文书研究中，以杨国桢的专著《明清土地契约文书研究》最为突出，有着承前启后的重要作用。该书史料搜集广博，将全国八省的土地契约文书分别按地域特点进行了具体的分析介绍。杨国桢通过对大量契约文书的实证分析，来观察和理解中国传统的地权关系以及中国社会经济的结构形态。杨国桢突破以往对所有权形态一元私有的认知，发现了土地所有者多元性、所有权多重结构的事实，认为中国封建土地所有权以私人、乡族、国家三重所有并存，并且呈现互相结合或排斥的此消彼长的运动形态，私人所有权在其中有着上升的趋势。他的土地契约文书研究是对傅衣凌“弹性论”等提法的继承和创新，但仍然没有将所有权的多种形态整合到一个完整的理论体系中。

在二十世纪九十年代之后，龙登高、曹树基等人对地权形态的制度性、体系性理论分析，使中国契约文书研究有了颠覆性的突破。这样的创新既得益于契约文书在此阶段的爆发式发现、出版，也是这一时期史学理论范式走出固化刻板的“资本主义萌芽”讨论、西方中心主义下的现代化理论的结果，避开了“封建主义”与“资本主义”、“传统”与“现代”等二元论下极易落入的“理论陷阱”。研究者们试图“在中国发现历史”，回归寻找中国社会自身独特属性的地权研究。

龙登高使用经济学的理论和方法，对大量契约文书等民间材料中的传统中国的地权概念及其制度进行分析，将土地权利分为所有权、占有权、使用权等产权形态。他通过对不同层次和时段的土地权利交易的区分，独特地建立起了买卖、典、押租、租佃及抵押、胎借等多样化的地权交易体系，将各种地权形态交易习惯纳入了统一的解释框架。龙登高不仅对传统中国地权问题构建了整体性的解释框架，还试图说明中国传统社会存在自由灵活的多层次的地权形态市场。他针对以往学界讨论很多的佃农剥削问题，提出佃农并不是受到地主剥削而身处弱势地位，而是传统中国多层次的土地产权促进了佃农独立经营。传统地权制度和自由的地权市场也为农户独立经营提供了保障和前提条件，促进了资源的有效配置：多样丰富的地权交易形式和地权形态提供了多种选择，在缺乏金融工具的情况下，可以随机应变地使用土地进行资金融通。民间自由丰富的地权制度与市场，内在地推动了中国经济发展，是促进传统中国经济繁荣的重要因素。中国大量自由流转的土地要素交易市场的论断，也使得他对以往普遍的地权认知观点进行了批判反思，那种观点认为中国土地趋于集中。曹树基通过契约文书来构建传统中国产权制度的统一理论框架的努力也卓有成效。与龙登高理论的本质相同，他认为田面、典等地权交易形式并不是由以往所理解的阶级力量对比等原因造成，而是市场经济的产物。他通过押金与租金的动态平衡计算，把租佃、绝卖、田面等地权交易形态成功地囊括进一个解释结构。同时，他的研究跨越地区差异，证明了传统中国存在“一个形式与内容基本统一的乡村土地市场”，对以往农村性质和改造乡村的讨论提出挑战。

2. **研究范式的转向**

土地类的契约文书在目前文书的发现、整理中占据了绝大多数，也是社会经济史路径下的契约文书研究的主要利用资料，既是因为其数量之多引起了研究者的注意，也是因为地权形态、土地制度等议题一直在社会经济史乃至整个中国学界都占据极重要的地位。从实态上来说，土地在传统中国的民众日常生活中有着无可比拟的重要作用；从学理上来说，地权问题是关联到中国传统社会性质等的关键性问题。从二十世纪三十年代起，史学界关于中国社会性质的大论战中，土地制度即为讨论的要点之一。在二十世纪五十年代以后，在马克思主义理论指导下的“五朵金花”大讨论中，专门提出了中国封建土地所有制形式问题作为命题的对象之一。从此土地制度问题即“经济史学研究的核心问题之一”，而这一时期学界受到马克思历史分期论、阶级斗争论等的影响，对传统乡村及地权形态的普遍认知是：传统中国社会是自然经济，最为突出的弊病是地权集中，农民阶级受到地主的剥削，地主掌握全国大部分（百分之八十或六十）田地，具有主导的性质，所以将传统中国划分为封建地主经济社会。同时也是由于当时学者使用的历史学史料多是以王侯将相、文人墨士为书写主体，以朝廷政令和政治制度为主要内容，如果过多依据此类史料，对唯物史观所重视的生产关系等社会经济层面的认知则容易具有理论先行的局限。就常理而言，社会制度的颁行和社会生活中的实态之间有很大的距离。以民众为书写主体、记载基层经济日常的契约文书的发现则为弥合这二者之间的差距提供了可能，因此傅衣凌、杨国桢等人的契约文书研究，都从历史中的土地契约关系来回应“资本主义萌芽”、封建地主所有制度等理论观点。可以说“新史学”以来的唯物史观等史学理论潮流使得社会经济史飞速发展，而正是“资本主义萌芽”问题讨论的展开，使得人们大量发现契约文书并且愈发凸显其重要性。因此早期研究者对契约文书进行深入研究，其关注点往往是通过区域社会的实证研究来探索中国整体的经济社会结构与性质。

二十世纪八九十年代以来，这种封建地主制经济理论受到学者的质疑和挑战，他们突破以往较为固化的思维模式，在马克思主义理论的指导下继续深化和创新认知。他们能得出新知的重要因素之一，便是对土地类文书的发现和使用。秦晖利用在关中农村发现的一批地籍文书，发现从清代直至“土改”前，关中的基尼系数都很低，地权分散，土地买卖率低，租佃率低，并且多是雇工为主的“经营地主”，几乎没有商品化农业，由此提出了著名的“关中模式”：“关中无地主”“关中无租佃”“关中有封建”。以“关中”这一特殊个例证明了以往对于地主土地所有制、地权集中论和租佃关系决定论的封建社会认知的局限性。赵冈对浙江遂安鱼鳞册、清代河北获鹿县的编审册等南北不同地区的地籍账簿文书进行统计和比较，并且结合其他文献资料，对于以往地权论调中的“永远集中论”“永远兼并论”和以地主为主导的租佃制度进行了反驳和修正，认为南北的基尼系数差异并不明显，土地越来越零细化，地权分配也渐趋平均，地主在土地交易中也并不居于统治地位。这一时期的文书研究方法已经从整体定性的思路，转换到更为细致的区域定量分析和比较历史的计量统计上，他们的理论范式是通过对马克思理论的深入学习之后，从地权分配、主佃关系等多种角度对以往的封建地主经济说法进行回应和反思。

而契约文书研究真正摆脱西方经验下的教条化理论概念束缚，试图以契约文书内容细部来具体探察当地人经历其事的过程和体验，以此建立起中国社会自身历史脉络下的历史认识，则是在二十世纪九十年代完成了从中国自身发现历史的史学研究转向之后。根植于中国特殊的社会实态，如龙登高、曹树基等学者们深入分析了契约文书所呈现的地权关系分化组合的复杂形态，突破了简单的近代传统的二分法，对中国传统社会经济中的地权特质和制度有了更加深入的认识，同时也认为传统中国已经存在较为自由的市场化的全国经济秩序，对过去的社会经济形态认知有了突破性的推进。他们通过更加详细深化地理解契约文书的内容语境和历史现场，有力地构建了各自的一套地权解释框架体系，达成了对传统中国土地制度的整体性理解。他们基本都认为，至少在清中期以后传统中国已经存在较为自由且高效的农村土地市场和民间交易秩序。

三、华北区域契约文书的重要性

随着近年来契约文书不断地发现、出版，相关研究也从主要以中国法制史和社会经济史两个分支和取向前进，逐渐发展枝繁叶茂而成为环境史、性别史、社会史、文化史、日常生活史等学科分支的重要研究内容，契约文书的研究方法也走向了更多元、跨学科，以及更加细致化分析和统计的方向。二十世纪八九十年代之后的史学范式的转换同时也使得契约文书研究更加分散化和地方化。学界在研究更加深入、基础性知识更加丰富的同时，也出现了囿于某一地点、某一家户的“碎片化”危机，契约文书的大量微观研究的出现在某种程度上并没有加深历史叙事认知。然而危机的出现也蕴藏着研究的转机和新生，目前学界也普遍认识到碎片化危机的存在并在进行反思和突破性尝试，各地契约文书的丰富性使得学者们从聚焦南方，转而将目光投向华北等极具潜力的区域。

（一）研究主题的分散化

伴随着二十世纪九十年代以来全国各个地区契约文书的井喷式发现，研究者不再扎堆于地权制度等生产关系的主题之中，而是多以区域为界分散地投身于不同主题方向。目前契约文书研究的分散化和多样化趋势主要在两个方面得以体现。首先就是契约文书类型的扩充：不再局限于以土地契约为主的契约文书类型研究，而是广泛地关注到账簿、票券、日用类文书等多种形式和类型的契约文书类型，并依据其中某一类进行深入研究。其次就是研究方向和主题内容的多元扩展：在研究基础深厚的中国法制史和社会经济史路径中不再以近代化理论、土地权属、阶级斗争等理论为共同关心的中心议题，而是散点式地立足于大量发现、出版的契约文书来微观细致地说明中国地方社会经济和法治形态。契约文书细致化的研究方法也扩散到这两个路径之外的家族史、妇女史、水利史、商业史、日常生活史等多种方向路径，不同的研究者分散式地以不同主题微观化、多角度地理解中国。总体来说，相对于过去的研究来说，现在的研究者大多减淡了对宏观理论的直接关怀，较少做出定性式的评判，而是以个例微观的实证研究为主要方法，试图深入和增进对中国历史上地方社会的理解。

契约文书类型的扩充和分散：近年来，契约文书研究的资料类型已经从土地契约为主，扩展到以账簿等各类契约文书为中心。如前所述，土地契约文书的价值已经被众多研究者所深入了解，这也与其出版和整理情况相关。近年来越来越多的学者开始聚焦于其他类型和内容的契约文书资料，如票据、账簿、书信、日用类书等等，其研究的主题也超越土地关系、交易等，涉及商业史、金融史、家族史、书籍史、社会网络、日常生活、祭祀科仪等广泛内容。其中账簿类簿册文书的研究突飞猛进，值得重视。相较于契约散件，账簿文书中的内容更为系统和丰富。学者对账簿类契约文书的使用前已有之，主要是以土地及其管理制度为关注点，上文中秦晖、赵冈等人在研究时已经使用一些地籍类账簿文书进行基尼系数的统计。近年来，不少学者通过对徽州文书中的鱼鳞图册、保甲册、实征册等账簿文书的解读，促进了学界对以往典籍记录疏略的明清时期徽州的都图里甲等土地、户籍、赋役制度的了解。

近年来对账簿的研究，在土地相关制度的研究之外，主要以商业史、会计史、日常生活史三个方向展开：近年来大量发现的商业账簿文书，使得大量研究对商号的经营方式、资本业务规模等商业内部运作进行探索；通过中西簿记方式的对比来讨论复式记账法在传统中国是否存在，从核算技术的视角来思考中国近代化的问题；通过对排日账等日记类账簿的研究，窥测到当时乡村的生活空间范围、农业生产、社会交往、贸易以及宗教活动等日常生活的各个层次，丰富了学界对传统中国小农经济和生活的认知。

研究主题方向的多元和分散：研究者的视线突破土地契约文书类型后，其研究的主题、方向、内容也自然大大延展到各种类型和领域。单就社会经济史路径来说，也呈现出多样的色彩，如以徽州商书为对象的徽商研究、以清水江文书为对象的边疆少数民族木材贸易研究、以商业账簿为对象的商业经营史研究、以地籍图册为对象的赋役制度和户口管理制度研究等等，研究成果丰硕。而在社会经济史和中国法制史之外，契约文书研究成果也在多个领域有着大量的产出。例如以徽州分家文书为主的宗族组织研究、以妇女立契等形式观察传统民间妇女的权利地位的妇女史研究、以礼仪文书为主的婚姻祭祀等民俗科仪研究、以日记类账簿为主的民众日常生活史研究、对以水权交易和林木交易等契约文书为主的山林水利开发研究等等。越来越多的学者通过各式各样的契约文书，从不同的角度对传统中国社会进行着鲜活生动的刻画和描写。多年来对于各类契约文书的不断发掘和众多研究者的不懈努力探究，中外学者通过蔚为大观的契约文书群，对财产和商业、宗族和家庭、婚姻和祭祀、社会关系、地方风俗等等民众日常生活的方方面面进行深入剖析，已经探索出一片属于契约文书研究的天地，从契约文书中已经展开了一幅以往历史研究所未见的中国社会历史图景。

（二）研究范式的危机和华北转向的可能

近百年的契约文书研究，始于二十世纪前中期学者们对较为陌生、新奇的契约内容的初步解读，再经过二十世纪七八十年代研究者们以“中国法制史”和“社会经济史”为主要学术路径建立起对中国社会制度结构的分析解释，直到二十世纪九十年代以来契约文书研究全面勃兴，呈现出跨学科、多领域遍地开花的局面。契约文书的发现和研究历程逐步推进、发展更新，并且产生了众多影响深远的成果。但是，契约文书研究目前遇到了“碎片化”的危机和困境（参见作者另文《范式转换视角下的清代民国契约文书研究》）。

由于契约文书的文本内容具有格套化的形式和微观化的性质，大量研究者对契约文书的内容进行研究就容易导向对某一村舍、家族或者商号的研究。很多相关研究往往沉溺于所读地方契约文书的具体内容，而难以对历史学的理论叙事和研究方法提出创见。为了避免用不同的契约文书讲同样的故事，学界呼吁从“眼光向下”、回到历史现场的单向视野，转换为“由下向上”，在长时段历史过程和政治经济文化等复杂、多层次的脉络化背景之中，多维度、多方向地考察契约文书所表现的区域社会的个性和整体性。作为方法范畴的总体史、比较史等越来越受到契约文书研究者的关注。在此范式理论下，华北区域在契约文书研究中的重要性凸显出来：一是以往契约文书研究的对象多在南方区域，华北区域的比较研究有利于学者转换视角，在整体史的范式中重构历史叙事；一是目前清华大学图书馆藏的华北文书，提供了以往文书所不具备的史料支持，从而使得学者有条件从华北区域看整体中国，因此华北区域契约文书也许会带来关乎学科研究范式转换的理论创新和突破意义。

二十世纪九十年代以来的契约文书研究，随着文书材料的不断发现和研究学者队伍的不断扩大，在避开宏大理论预设先行的逻辑陷阱之后，对中国区域和整体社会的理解和认知却有些止步不前，很多的契约文书研究并没有使这方面的认知变得深入和清晰，愈加分散的研究主题和方向使得契约文书研究者们也无法找到共同倡导的前沿理论研究范式和方法。学者们追源溯流，发现契约文书研究的“碎片化”现象当为一大重要原因。契约文书的自身属性和发现、整理过程是导致“碎片化”研究困境的原因之一。契约文书作为史料，因其是基层民众在日常生活中的直接记载而具备了具体性和真实性的重要价值，然而大量契约文书在发掘、搜集的过程中，也存在着雷同性和散乱性的特质。以田房交易为主的土地契约文书占据了契约文书的绝大多数，这些土地文书的绝大部分都在书写格式和内容上有着制式化的相似性；在民间契约文书的学术价值引发注意的同时，也出现以盈利为目的，通过文物收藏的方式大量售卖契约文书的现象，导致很多契约文书散乱各地，研究者无从知晓其产生和存在的社会环境基础，对研究产生了不利影响。

范式引领作用的缺失，大概是契约文书研究“碎片化”的另一原因。在回溯以往契约文书研究的过程中，可见学界每每对契约文书的研究有所突破和推进之时，基本都是在宏观的历史理论和现实关怀的背景之下，积极审视和反思并且建立新的理论范式的时候。因此学界在意识到契约文书研究中的“碎片化”困境后，提倡要“自下而上”，从区域性的契约文书入手，从而体察和探究中国的整体史研究（也有“总体史”等其他提法），这并不是下与上、社会与国家、地方与中央的二元对比的研究方式，而是倡导将地方区域的契约文书研究从单向、片面的地方性知识研究，转换为“历史实践、社会体系、时空脉络、关系”等多个层面意义上的多元复杂、多维互动的整体史方法。在清代、民国全国范围内基本稳定、统一化的契约文书形制之下，我们仍可以从细部观察到各地契约文书群的差异性。契约文书研究的继续深入，有赖于研究范式的转换和突破，只有将眼光放大才能沉浸得更深，将区域社会放置在区域比较和整体社会的关联之中，反而更能找到其自身的定位和特性。

在这一意义之下，研究者们提升了对华北区域等以往研究成果丰硕的南方区域之外的其他区域的兴趣和关注，其在契约文书研究中的重要性不只在于增加区域性的知识和了解，更在于以区域比较的视野从华北区域看总体中国。就契约文书发现状况来说，近几年清华馆藏文书、太行山文书等大批集中于华北地区的文书的收集整理，也使得人们的目光开始转向华北区域。清华大学图书馆藏华北契约文书具有类型丰富多样、连续性强、来源清晰等特点，为填补华北契约文书研究的空白，并为促进契约文书研究的范式转换提供了可能。清华大学图书馆藏契约文书丰富的类型和多样的内容，对研究者应对目前契约文书内容“雷同化”、样式“同质化”的困境有重要意义；清华图书馆藏契约文书含有大量的归户文书，具有时间上连续性强、文书之间关联性强的特点，有助于研究深入、完整，改善“碎片化”的问题；另外清华图书馆在收集入藏文书时注重契约文书的来源信息，着重于华北地区，因此有助于学者更好地使用契约文书来挖掘更深层的故事和意义。就学术研究状况来说，华北区域素来是历史学界各时段研究的重点对象之一，已经有了深厚的学术理论和问题讨论，然而针对华北的契约文书研究则相对较弱，因此华北的契约文书研究有着极大的潜力，也能够与其他区域已经十分丰富的契约文书研究做比较和找关联。因此对华北契约文书的研究可以改善学界目前契约文书研究“南多北少”的现状，更是提供给研究者一个极佳的机会讲述华北之于中国的独特故事。

在近百年的契约文书研究中，自始不变的是对史学研究范式的创新和契约文书材料的不断发现。史料对历史研究的意义在于“没有史料，便没有史学，史料乃是史学的基础”，而问题意识则在很大程度上源自理论范式的更新，“历史研究工作的起点是历史问题的提出”，史料和问题意识二者相辅相成、缺一不可。目前学界立足于对区域社会的深入了解而书写整体史的理论范式要求已经几乎成为研究者们的共识：一方面，华北等区域契约文书群持续发现、整理，作为研究的史料支持；另一方面，运用多维的、比较的整体史视角，在此条件下发展的契约文书研究或许是扭转目前研究困境，促进学术创新的可能方案之一。

清代省级科举考试的考题什么样？

一、清代的乡试

中国的科举考试制度是中国帝制时代设科考试、举士任官的制度。科举制度始于隋唐，于公元1905年终止，延续了一千三百多年，对中国的历史发展产生了重大影响。明清科举考试分童试、乡试、会试、殿试。乡试为省级考试，在各省省城贡院举行，中式者为举人。乡试每三年一科，于子、卯、午、酉年举行，每次分三场，分别于该年农历八月初九、十二、十五日举行。遇新帝登基、万寿庆典等年份加设恩科。

清代乡试一般通过三场决胜负，但不同时期乡试的考题式样也屡经变化。清军入关后，延续科举取士之道。顺治二年（1645）定下乡试科举程式。三场考题分别为：第一场考“四书”文三篇，经义四篇，士子各占一经；第二场考“论”一篇，“诏”“诰”“表”各一道，“判”五条；第三场考“策”五道，“诏”“诰”“表”各二道。

考题中的“四书”包括《大学》《论语》《孟子》《中庸》四部作品；“五经”包括《周易》《诗经》《尚书》《春秋》《礼记》五部作品；“诏”为诏书，是帝王颁发的命令；“诰”是帝王对臣子的命令，以及帝王任命或封赠的文书；“表”是向君主陈述、建议时所用的文体；“判”是断案判词。看来在科举时代做官员并不容易，一应文书需要样样精通。

乾隆末年对乡试内容进行了比较大的改革，改革最大的变化是增加五言八韵试帖诗一首，并废止“论”“表”“判”等考试文体。规定第一场考“四书”制义题三道，五言八韵诗一题；第二场考“五经”制义题五题，各经分别出一题；第三场考策问五题。乾隆时期的改革奠定了清代中后期乡试试题的基本程式，直到光绪末年废除科举取士止。

二、清华大学图书馆馆藏“同治十二年（1873）癸酉科江西乡试题”

在清华大学图书馆搜集的民间历史文书中，“夹带”了一份“同治十二年（1873）癸酉科江西乡试题”（图 1）。该试题是刻印版，长一百一十二厘米，宽五十六厘米，有“大主考关防”“内监试关防”“提调关防”“监临部院关防”“监试关防”等印，字迹清晰。该题为江西乡试第三场试题，包括策问五题（图 2—6），分别以经学、史学、农学、书法、乡土地理命题向参加考试的举子问策，现将原题点校录于后。

第一题

问：汉初言《易》者三家[1]，其源流可缕述欤？李鼎祚《集解》所采三十五家[2]能确指否？鼎祚自序谓刊辅嗣之野文补康成之逸象，果□存汉易之一几欤？《书》以道政事，儒者宜无异说，然今文古文诸家不无聚讼。注《尚书》者，自汉隋唐而下，朱子所取者四家[3]，能直指而考其得失欤？《诗》[4]自毛氏盛行而齐鲁韩寝废，然遗说间存于他书，为朱子所取者有几，逸

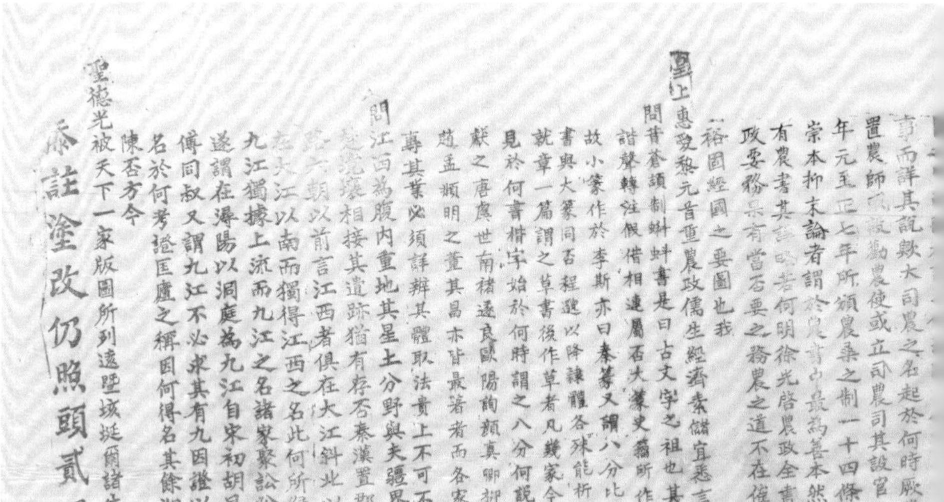
事而詳其說歟大司農之名起於何時厥後有土宜三麥之詔有除良田禁之令又或
置農師或設勸農使或立司農司其設官之年代能詳考否唐令百官進農書始於何
年元至正七年所頒農桑之制一十四條其可法者安在又嘗頒農桑輯要一書俾民
崇本抑末論者謂於農書中最為善本然歟否歟他若宋陳旉著有農書元王禎亦著
有農書其詳略若何明徐光啓農政全書史稱其負經濟才於此書略見一斑其於農
政要務果有當否要之務農之道不在徒謀之具文而在督勸之實政農事興而民食
裕國經國之要圖也我
皇上惠愛黎元首重農政儒生經濟素儲宜悉言以備採擇
問昔蒼頡制蝌蚪書是曰古文字之祖也其後書凡五變何如周禮六書象形指事會意
諧聲轉注假借相連屬否大篆史籀所作共若干篇字本古文增損為之謂之籀書何
故小篆作於李斯亦曰秦篆又謂八分比籀文若何唐宋間工小篆者幾人程邈作隸
書與大篆同否程邈以降隸體各殊能析指之歟隸變為草古意幾亡自漢史游為急
就章一篇謂之草書後作草者凡幾家今之隸書即古之八分以八分為隸始自何人
見於何書楷字始於何時謂之八分何說秦漢以來以字名者多惟魏鍾繇晉王羲之
獻之唐虞世南褚遂良歐陽詢顏真卿柳公權多為世所寶他如宋之蘇黃米蔡元之
趙孟頫明之董其昌亦皆最著者而各家之中尤推右軍為獨絕此論果當否學者精
專其業必須詳辨其體取法貴上不可不知也各有心得盍直陳之
問江西為腹內重地其星土分野與夫疆界廣輪之數可一一為之指數歟周時分屬吳
楚境壤相接其遺跡猶有存否秦漢置郡分併異勢沿革異名嗣後所統何道所隸何
路六朝以前言江西者俱在大江斜北以下如歷陽廬合等境是也今南昌十三府並
在大江以南而獨得江西之名此何所緣起歟夫南昌江西之省會也若保境和民則
九江獨據上流而九江之名諸家聚訟紛如禹貢九江鄭孔異議而不言其處所論者
遂謂在潯陽以洞庭為九江自宋初胡旦始而晁氏曾氏所講亦同究以何說為正至
傅同叔又謂九江不必求其有九因證以五湖九澤之說此論究何所本他若豫章之
名於何考證匡廬之稱因何得名其餘湖山名勝之區能指數否人物流寓之所可臚
陳否方今
聖德光被天下一家版圖所列遠暨垓埏爾諸生生長名區其以見聞所及著於篇
添註塗改仍照頭貳場式

图 1 同治十二年（1873）癸酉科江西乡试题

同治十二年癸酉科江西鄉試題

第叁場

策五道

問漢初言易者三家其源流可縷述歟李鼎祚集解所錄三十五家能確指否鼎祚自序謂刊輔嗣之野文補康成之逸象其果足以得易之要歟一經疑義以遺諸儒者宜無異議然今文古文諸家不無聚訟註尚書者自漢隋唐而下朱子所取者四家能直指而考其得失歟詩自毛氏盛行而齊魯韓三家遂微說詩者於毛鄭之外朱子所取者有幾逸詩篇名何者見於戴記草木鳥獸蟲魚疏陸璣撰後誤璣為機復改吳為唐當以何書為正春秋三傳竝行於世有稱左氏勝者有稱公穀勝者能詳其源流歟陸氏集傳纂例謂左氏多採雜書序事雖多釋經殊少猶不若公穀之於經為密其說當否漢制無周禮謂之周官經周禮之名始於何時儀禮孔壁古文多三十九篇今散見諸書者可考證歟大戴禮為小戴所刪篇目大戴小戴禮為後人所增入者三篇能悉數歟

聖朝經學昌明多士誦習有年其各舉所知以對

問史記漢太史司馬遷所作也遷續其父書創為義例自成一家言中有得失否班固續漢書凡八十餘萬字其稱遷者何在論述固者或優遷或劣固易遷其人為誰唯為是後漢書范蔚宗撰紀傳若干卷志若干卷能舉其數歟漢有史官始於何時宋文帝嫌三國志略命裴松之補註其書若何晉書成於衆手當時撰次者房喬而外尚有何人歷代史惟晉乘尤最著而可以與讓雄否陸賈作楚漢春秋所述何事他如吳越春秋漢晉春秋十六國春秋三十國春秋屬辭比事與春秋史記漢書相似否葛洪西京雜記劉珍東觀漢記張詔五代新說蘇子由古史陸游南唐書前後作者數十百家

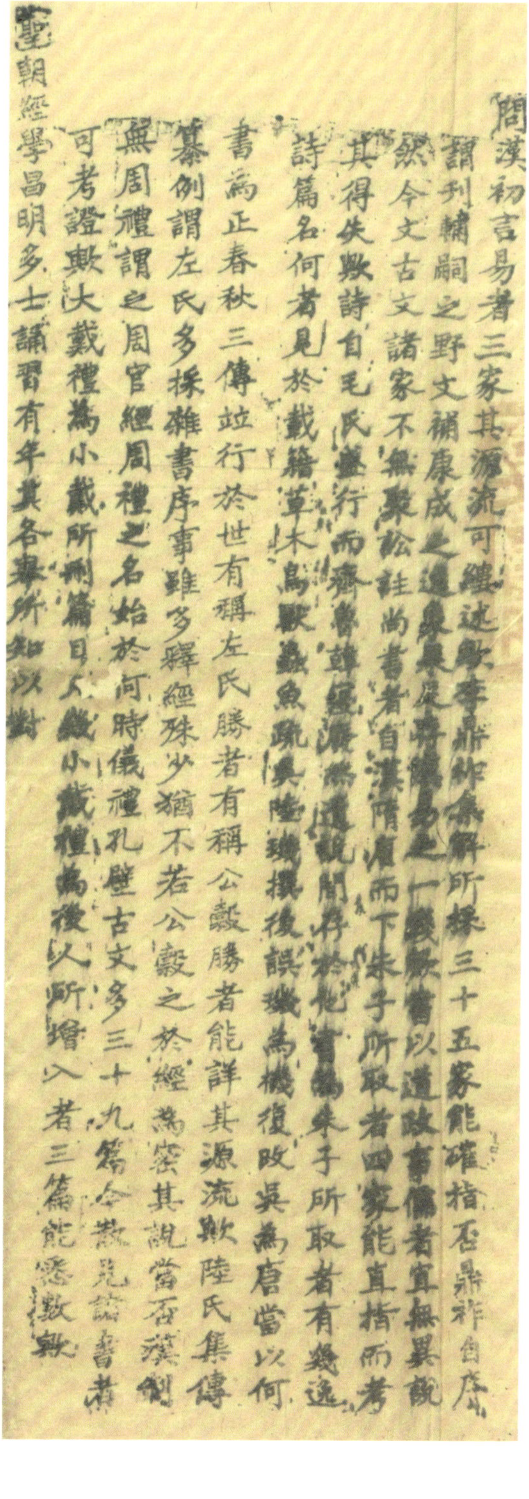

問漢初言易者三家其源流可縷述歟李鼎祚集解所採三十五家能確指否鼎祚自序謂刊輔嗣之野文補康成之逸象其書傳易之一綫歟嘗以道路事儒者宜無異說然今文古文諸家不無聚訟註尚書者自漢隋唐而下朱子所取者四家能直指而考其得失歟詩自毛氏盛行而齊魯韓經遂廢遺說閒存於他書爲朱子所取者有幾逸詩篇名何者見於載籍草木鳥獸蟲魚疏吳陸璣撰後誤璣爲機復改吳爲唐當以何書爲正春秋三傳竝行於世有稱左氏勝者有稱公穀勝者能詳其源流歟陸氏集傳纂例謂左氏多採雜書序事雖多釋經殊少猶不若公穀之於經爲密其說當否漢劉歆周禮謂之周官經周禮之名始於何時儀禮孔壁古文多三十九篇今散見諸書者可考證歟大戴禮爲小戴所刪篇目大戴小戴禮爲後人所增入者三篇能悉數歟

聖朝經學昌明多士講習有年其各舉所知以對

图 2 第一题

《诗》篇名何者见于载籍?《草木鸟兽虫鱼疏》,吴陆玑撰,后误“玑”为“机”,复改“吴”为“唐”,当以何书为正?⑤《春秋》三传⑥并行于世,有称左氏胜者,有称公、穀胜者,能详其源流欤?陆氏《集传纂例》⑦谓左氏多采杂书,序事虽多,释经殊少,犹不若公、穀之于经为密,其说当否?汉制无《周礼》,谓之《周官经》,《周礼》之名始于何时?⑧《仪礼》孔壁古文多三十九篇,今散见诸书者可考证欤?⑨《大戴礼》为小戴所删篇目凡几?《小戴礼》为后人所增入者三篇能悉数欤?⑩

圣朝经学昌明,多士诵习有年,其各举所知以对。

注释

①汉宣帝时,经学内部出现分化,各经学之分支竞相被立于学官,出现了施雠、孟喜、梁丘贺三家易学并立之局面。

②李鼎祚是唐朝中后期资州盘石(今四川资中县)人,曾作《周易集解》,博采汉魏晋唐马融、荀爽、虞翻、王肃、蜀才、崔憬等三十五家的易说,使濒于失传的汉代象数学及诸家对《易经》的解读保留下来。

③朱熹集注《尚书》,所取四家为王安石《尚书新义》、苏轼《书传》、林之奇《尚书全解》、吕祖谦《书说》。朱熹对古注及时人著作进行了详细研究,深谙古今注疏之得失。

④《诗经》是中国文学史上的第一部诗歌总集,共三百零五篇。汉代传诗的有毛诗(鲁国毛亨和赵国毛苌所传)。鲁诗(申培公所传)、齐诗(辕固生所传)、

韩诗（韩婴所传）。后齐、鲁、韩三家逐渐失传，今本《诗经》由毛诗流传而来。朱熹《诗集传》是研究《诗经》的著作。

⑤《草木鸟兽虫鱼疏》二卷，三国吴陆玑撰。陆玑，字元恪，吴郡（今江苏省苏州市）人，仕吴为太子中庶子、乌程令。《毛诗草木鸟兽虫鱼疏》在《隋书·经籍志》《经典释文·序录》中均有著录。但明北监本《诗正义》所引写作“陆机”；明毛晋《津逮秘书》所刻援陈振孙之言，题曰“唐陆玑”，均著录错误。

⑥《春秋》三传指《春秋左氏传》《春秋公羊传》《春秋穀梁传》。

⑦唐陆淳曾撰《春秋集传纂例》十卷，为编年体史类文学作品。陆淳（？—805），字伯冲，后避唐宪宗讳改名为“质”，吴郡（今江苏苏州市）人。

⑧《周礼》是关于先秦职官与各种典章制度的书，初名《周官》。改称《周礼》约始于西汉末的刘歆。

⑨西汉武帝刘彻末年，藩王鲁恭王刘余拆毁孔子旧宅来扩建其宫室，在孔氏墙壁中发现《逸礼》三十九篇。

⑩《大戴礼记》是西汉中期戴德编著的礼制著作。原有八十五篇，今存三十九篇。《小戴礼记》为西汉礼学家戴圣所编，共二十卷四十九篇。

第二题

问：《史记》，汉太史司马迁所作也。[1]迁续其父书，创为义例，自成一家言，中有得失否？班固《前汉书》凡八十余万字[2]，其窃迁者何在？论迁、固者，或优迁劣固，或优固劣迁，其人为谁，谁为是？《后汉书》，范蔚宗撰，纪传若干卷，志若干卷，能举其数欤？[3]汉有史官始于何时？宋文帝嫌《三国志》略，命裴松之补注，其书若何？[4]《晋书》成于众手，当时撰次者，房乔而外，尚有何人？[5]历代史惟《晋》丛冗最甚而可以无讥，确否？陆贾作《楚汉春秋》所述何事？[6]他如《吴越春秋》[7]《汉晋春秋》[8]《十六国春秋》[9]《三十国春秋》[10]，属辞比事与《春秋》《史记》《汉书》相似否？葛洪《西京杂记》[11]、刘珍《东观汉记》[12]、张询《五代新说》[13]、苏子由《古史》[14]、陆游《南唐书》[15]，前后作者数十百家，皆可备正史采择其间，究以孰为优？

国家史学修明，犁然大备，诸生穷经之余兼及考史，其胪列陈之，以觇所学。

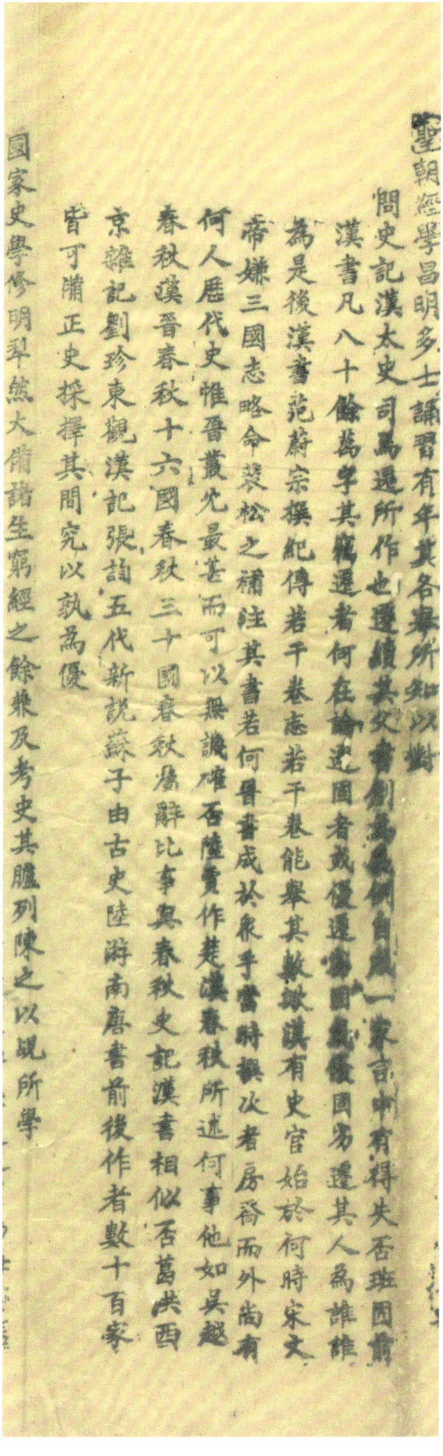

聖朝經學昌明多士誦習有年其各舉所知以對

問史記漢太史司馬遷所作也遷續其父書創為義例自成一家言中有得失否班固前漢書凡八十餘篇半其竊遷者何在論述固者或優遷劣固或優固劣遷其人為誰能為是後漢書范蔚宗撰紀傳若干卷志若干卷能舉其數歟漢有史官始於何時宋文帝嫌三國志略命裴松之補注其書若何晉書成於衆手當時撰次者房喬而外尚有何人歷代史惟晉叢允最甚而可以無譏確否陸賈作楚漢春秋所述何事他如吳越春秋漢晉春秋十六國春秋三十國春秋屬辭比事與春秋史記漢書相似否葛洪西京雜記劉珍東觀漢記張詢五代新說蘇子由古史陸游南唐書前後作者數十百家皆可補正史採擇其間究以孰為優

國家史學修明犁然大備諸生窮經之餘兼及考史其體列陳之以覘所學

图 3 第二题

注释

①《史记》是西汉史学家司马迁撰写的纪传体史书，是中国历史上第一部纪传体通史，记载了上至上古传说中的黄帝时代，下至汉武帝太初四年共三千多年的历史。

②《前汉书》即《汉书》，是中国第一部纪传体断代史，由东汉史学家班固编撰，记载了上起汉高祖元年（前206），下至新朝王莽地皇四年（23）共二百三十年的史事。

③《后汉书》由南朝宋历史学家范晔编撰，其中分十纪、八十列传，而八志取自司马彪《续汉书》，记述了上起汉光武帝建武元年（25），下至汉献帝建安二十五年（220）共一百九十五年的史事。

④《三国志注》是南朝宋人裴松之注解的《三国志》。以补缺、备异、惩妄、论辩等为宗旨，博采群书二百余种，保存大量史料，注文较正文多出三倍，开创了作注的新例。

⑤《晋书》是唐代房玄龄等人合著，作者共二十一人。叙事自司马懿始，下至东晋恭帝元熙二年（420）刘裕废晋帝自立，以宋代晋。同时还以“载记”形式记述了十六国政权的状况。二十一位作者有监修房玄龄、褚遂良、许敬宗，其他撰者令狐德棻、敬播、来济、陆元仕、刘子翼、卢承基、李淳风、李义府、薛元超、上官仪、崔行功、辛丘驭、刘胤之、杨仁卿、李延寿、张文恭、李安期、李怀俨。

⑥《楚汉春秋》九篇，西汉陆贾撰。所记从刘邦、项羽起事起，至汉文帝初期止，为一部杂史。

⑦《吴越春秋》，东汉赵晔撰，是一部记述春秋时期吴、越两国史事为主的史学著作。《隋书·经籍志》和《旧唐书·经籍志》皆云十二卷，今存十卷。

⑧《汉晋春秋》是东晋史学家习凿齿撰写的一部史书。该书记述上起东汉光武帝，止于西晋愍帝共二百八十一年间史事，以蜀汉为正统，五十四卷（《隋书·经籍志》记四十七卷）。

⑨《十六国春秋》是北魏崔鸿创作的记载十六国历史的纪传体史书。西晋灭亡后，中原地区先后出现了匈奴、鲜卑、羯、氐、羌、汉等民族建立的政权，历史上总称为十六国。这些政权各有自己的史书，但是体例不一，记述差距也较大。所以，崔鸿根据旧的记载，加以综合汇编，写成一百卷，此外还有序例一卷、年表一卷。

⑩《三十国春秋》是由南梁梁元帝之子萧方等编著的史书。记自三国魏齐王嘉平元年（249）至东晋恭帝元熙二年事迹，以晋国为主，附列其他二十九国，共三十卷（一作三十一卷）。

⑪《西京杂记》是古代历史笔记小说集，东晋葛洪辑录。葛洪（283—343 或 363），字稚川，号抱朴子，东晋丹阳句容（今江苏镇江市）人，道教理论家。“西京”指西汉首都长安，书中既有西汉历史，也有许多遗闻轶事。

⑫《东观汉记》是一部记载东汉光武帝至汉灵帝一百余年历史的纪传体史书，因官府于东观设馆修史而得名，经过几代人的修撰才最后成书。《东观汉记》的作者有班固、陈宗、尹敏、孟异、刘珍、李尤等。

⑬《五代新说》是初唐时期的一部轶事小说，“五代”是指梁、陈、北齐、北周、隋，非唐后之五代。此书原为二卷，分三十门，现存有节录本，作者是张询古。张询古，官任吏部侍郎。

⑭苏子由即苏辙。《古史》是对《史记》记载拾遗补缺的一部书，北宋苏辙撰，六十卷。苏辙（1039—1112），字子由，一字同叔，晚号颍滨遗老，四川眉山人。

⑮《南唐书》是记载五代时南唐历史的纪传体史书，南宋陆游撰。共十八卷，其中本纪三卷；人物列传十四卷；浮屠、契丹、高丽列传总一卷，分述南唐佛教盛行始末以及南唐与契丹、高丽往来诸事。陆游（1125—1210），字务观，号放翁，越州山阴（今浙江绍兴市）人。

第三题

问：《周礼》有任土任民之法，西汉重农贵粟，治为近古。而一时循吏，如龚遂之守渤海[①]，召信臣之守南阳[②]，杜诗之修治陂池[③]，任延之开垦田畴[④]，皆以富庶为心，劝课为本，能胪举其事而详其说欤？大司农之名起于何时？[⑤]厥后有“土宜三麦”之诏[⑥]，有除良田禁之令，又或置农师，或设劝农使，或立司农司，其设官之年代能详考否？唐令百官进农书始于何年？[⑦]元至元七年（原件误为“至正七年”。——撰者注）所颁农桑之制一十四条[⑧]，其可法者安在？又尝颁《农桑辑要》一书[⑨]，俾民崇本抑末，论者谓于农书中最为善本，然欤否欤？他若宋陈旉著有《农书》[⑩]，元王桢亦著有《农书》[⑪]，其详略若何？明徐光启《农政全书》[⑫]，称其负经济才，于此书略见一斑，其于农政要务果有当否？要之，务农之道不在催课之具文，而在督劝之实政，农事兴而民食裕，固经国之要图也。

我皇上惠爱黎元，首重农政，儒生经济素储，宜悉言以备采择。

問周禮有任土任民之法西漢重農貴粟治為近古而一時循吏如龔遂之守渤海召信
臣之守南陽杜詩之修治陂池任延之開墾田疇皆以富庶為心勸課為本能臚舉其
事而詳其說歟大司農之名起於何時厥後有土宜三麥之詔有除良田禁之令又或
置農師或設勸農使或立司農司其設官之年代能詳者否唐令百官進農書始於何
年元至正七年所頒農桑之制一十四條其可法者安在又嘗頒農桑輯要一書俾民
崇本抑末論者謂於農書中最為善本然歟否歟他若宋陳旉著有農書元王禎亦著
有農書其詳略若何明徐光啓農政全書史稱其負經濟才於此書略見一斑其於農
政要務果有當否要之務農之道不在催課之具文而在督勸之實政農事興而民食
裕國經國之要圖也我
皇上惠愛黎元首重農政儒生經濟素儲宜悉言以備採擇

图 4 第三题

注释

①汉宣帝即位后，渤海郡及其相邻地区闹饥荒，盗贼四起，宣帝任命龚遂任渤海太守。龚遂教人重农务农，平息了盗贼。

②西汉召信臣任南阳太守，主持兴修水利工程，最有名的是六门堰和钳卢陂。召信臣为官清廉，有“召父”之称。

③东汉杜诗任南阳太守时，主持修理整治池塘，开垦土地，使郡内富庶起来，有“杜母”之称。南阳人称赞说：“前有召父，后有杜母。”

④东汉光武帝建武初年，任延被任命为九真太守。当地民俗以捕猎为业，不知牛耕，任延让人打造田器，教百姓开垦荒地，由于田畴岁岁开广，百姓富裕充足。

⑤大司农，是朝廷管理国家财政的官职，为九卿之一。《周礼》天官之属有大府（即太府），辅佐太宰掌理贡赋之事。秦设治粟内史。汉景帝改治粟内史为大农令，汉武帝太初元年（前104）改为大司农。

⑥“土宜三麦”之诏：晋元帝时下诏在江南栽种冬小麦，并援引汉朝大臣氾胜之的例子，“徐、扬二州土宜三麦”，秋天投种，次年夏天成熟。

⑦唐令百官进农书：贞元五年（789），唐德宗采纳李泌的建议，以次年二月初一为中和节。这一天，皇帝行籍田礼，文武百官进献农书以示劝农，然后“赐百僚宴于曲江亭”。

⑧农桑之制一十四条：至元七年（1270），元世祖“颁农桑之制一十四条”，规定：“县邑所属村疃，凡五十家立一社，择高年晓事农者一人为之长。增至百家者，别设长一员。不及五十家者，与近村合为一社。地远人稀，不能相合，各自为社者听。

其合为社者，仍择数村之中，立社长官司长以教督农民为事。”

⑨《农桑辑要》是元朝司农司撰写的一部综合性农书，成书于至元十年（1273）。全书七卷，包括典训、耕垦、播种、栽桑、养蚕、瓜菜、果实、竹木、药草、孳畜等十部分，分别叙述古代有关农业的传统习惯和重农言论，以及各种作物的栽培，家畜、家禽的饲养等技术。

⑩陈旉《农书》是我国古代第一部谈论水稻栽培种植方法的农书，宋代陈旉所著。陈旉隐居务农，南宋绍兴十九年（1149）时写成此书。全书三卷，二十二篇，一万两千余字。

⑪王祯《农书》兼论中国北方农业技术和中国南方农业技术，完成于1313年。元代王祯撰著。全书正文共计三十七集，三百七十一目，十三万余字。

⑫《农政全书》是明代徐光启创作的农书，成书于明朝万历年间。全书基本上囊括了中国明代农业生产和人民生活的各个方面，而其中又贯穿着一个基本思想，即徐光启的治国治民的“农政”思想。全书分为十二目，共六十卷，七十余万字。

第四题

问：昔苍颉制蝌蚪书[1]，是曰古文字之祖也，其后书凡五变，何如？《周礼》六书：象形、指事、会意、谐声、转注、假借，相连属否？大篆史籀所作共若干篇[2]，字本古文，增损为之，谓之籀书，何故？小篆作于李斯，亦曰秦篆[3]，又谓八分，比籀文若何？唐宋间工小篆者几人？程邈作隶书与大篆同否？[4]程邈以降，隶体各殊，能析指之欤？隶变为草，古意几亡，自汉史游为《急就章》一篇，谓之草书，后作草者凡几家？[5]今之隶书即古之八分[6]，以八分为隶始自何人？见于何书？楷字始于何时？谓之八分何说？秦汉以来以字名者多，惟魏钟繇，晋王羲之、献之，唐虞世南、褚遂良、欧阳询、颜真卿、柳公权，多为世所宝，他如宋之苏黄米蔡[7]，元之赵孟頫，明之董其昌亦皆最著者，而各家之中尤推右军为独绝，此论果当否？

学者精专其业，必须详辨其体，取法贵上，不可不知也，各有心得，盍直陈之？

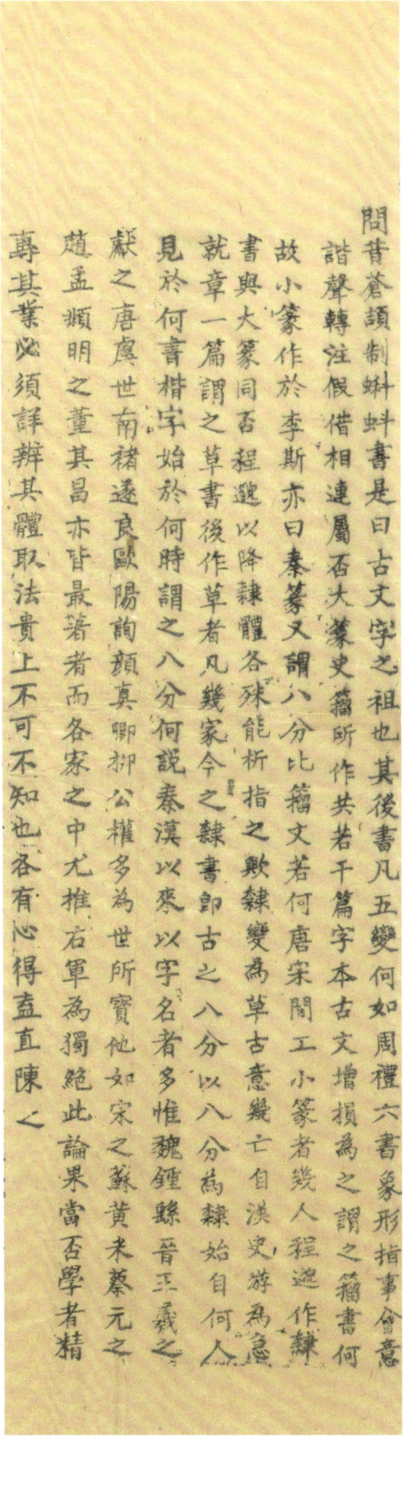
問昔蒼頡制蝌蚪書是曰古文字之祖也其後書凡五變何如周禮六書象形指事會意諧聲轉注假借相連屬否大篆史籀所作共若干篇字本古文增損爲之謂之籀書何故小篆作於李斯亦曰秦篆又謂八分比籀文若何唐宋間工小篆者幾人程邈作隸書與大篆同否程邈以降隸體各殊能析指之歟隸變爲草古意幾亡自漢史游爲急就章一篇謂之草書後作草者凡幾家今之隸書即古之八分以八分爲隸始自何人見於何書楷字始於何時謂之八分何說秦漢以來以字名者多惟魏鍾繇晉王羲之獻之唐虞世南褚遂良歐陽詢顏真卿柳公權多爲世所寶他如宋之蘇黃米蔡元之趙孟頫明之董其昌亦皆最著者而各家之中尤推右軍爲獨絕此論果當否學者精專其業必須詳辨其體取法貴上不可不知也各有心得盍直陳之

图 5 第四题

注释

①“苍颉”即仓颉。仓颉书仅有二十八个字，传说是上古时期由仓颉所写，是中国现存最古老的文字。蝌蚪文也叫“蝌蚪书”“蝌蚪篆”，是在于笔画起止，皆以尖锋来书写，其特色也是头粗尾细，名称是汉代以后才出现的，在唐代以后便少见到。

②大篆史籀，古汉字一种书体的名称。相传为周宣王时史籀（史官）所作，笔画较小篆繁复。

③小篆又称秦篆，是秦统一后经过丞相李斯整理的一种通行书体。

④隶书将篆书圆匀线条截断，化圆为方，变弧线为直线，在转角处化圆转为方折。这不仅在字形上简化了篆书，而且书写方法也有很大进步。隶书是中国古代文字发展的分水岭，为行书、楷书、草书等的发展奠定了基础。程邈，字元岑，秦朝书法家、内史。相传他首先将篆书改革为隶书。

⑤《急就章》是西汉元帝时命令黄门令史游为儿童识字编的识字课本，因篇首有“急就”二字而得名。书中用不同的字组成三言、四言或七言的韵文，内容涉及姓名、组织、生物、礼乐、职官等各方面，如一部小的百科全书。流传至今最早的《急就章》写本传为皇象书，皇象善草书，今有刻本流传。黄象（生卒年不详），字休明，三国时期吴国广陵江都（今江苏扬州市）人。

⑥隶书分为古隶和八分，秦汉初期波磔不明显的属于古隶，反之是八分书。八分隶书的显著特点是构形扁方，笔画已具有规律性的波势和挑法，左波右磔对

比强烈，字形内敛而外张，构形部件稳定一致。

⑦苏黄米蔡，分别指苏东坡、黄庭坚、米芾、蔡襄，合称“宋四家”，代表了宋代书法的最高水平。

注释

①郑孔：郑玄和孔安国的并称。孔安国（生卒年不详），字子国，汉代鲁国人，孔子后裔，西汉经学家。《尚书注疏》中记孔安国注九江云："江于此州（荆州。——撰者注）界分为九道，甚得地势之中。"未指明"九江"的具体位置。郑玄（127—200），字康成。北海郡高密县（今山东高密市）人，东汉末年儒家学者、经学家。郑玄认为九江出于山溪支流，各自别源，并非大江自分九派。

②胡旦（955—约1034），滨州渤海（今山东惠民县）人，字周父，宋代官员。胡旦喜读书，少有才学，善于文辞。他以注入洞庭湖的沅、湘等水为九江。

③傅同叔即傅寅。傅寅（1148—1215），字同叔，义乌（今属浙江）人，南宋学者。傅寅从唐仲友学，对天文、地理、井田、学校、郊庙、律历、军制等类研究精深，号曰群书百考，著《禹贡说断》。他认为九江不必求其有九。

④豫章为郡名。汉高帝初年（约前202）江西建制后的第一个名称，即豫章郡。唐宝应元年（762），因避唐代宗李豫名讳，豫章县改名钟陵县，"豫章"成为南昌的别称。

⑤匡庐指江西的庐山。

⑥胪陈，即陈述，通常用于公文或书信中。

同治十二年江西癸酉科乡试有一百三十四人中举人，平均年龄为三十四岁。乡试第一名称为"解元"，该科解元是江西瑞州府新昌县的漆肇元。

三、江西乡试策问题如何回答?

江西乡试第三场策问题一般最后一题都是有关江西风土人情的题目。姜传松在其博士论文《清代江西乡试研究》附录中收录了同治六年(1867)江西乡试第三场策问题第五题原题和举子杨学成的答卷,现照录于此。题目如下:

> 《史记·货殖列传》称,豫章为江南,其称江西者,昉于何时?汉之淮南国、豫章郡,晋之江州,隋之洪州,明之洪都府,果即南昌欤?汉鄱阳湖郡,梁之吴州、陈州,唐之饶州,其严格若何?孙吴东阳郡,隋之信州,当今何地?吴之彭蠡郡,魏之庐江郡,晋之浔阳郡,其地安在?吴之临川,明之肇昌即建昌府地,其更名在何时?吴之安城,隋之吉州,唐之靖州、米州、筠州,可略指所在欤?隋之虔州,宋之赣州即赣州府地,其形势若何?或谓,秦之会稽郡兼及广信,长沙郡兼及吉安,晋之武昌兼及九江,共疆域分合,可指言欤?江右多山,曰庐山,得名何自?水曰章、贡,分派若何?湖曰鄱阳,于《禹贡》何名?圣天子疆理天下,无远弗届。桑梓之邦,古今沿革,多士宜素所究心也,盍详言之以备采择。

同治六年乡试考生杨学成的该题答卷如下:

古之所谓江西者，在今庐、和之间，江右介在吴楚之交。以地形言之，宜曰江南；以江流言之，宜曰江东。自唐分天下为十五道，置江南西道，宋改为路，元置江西等处行中书省，明置江西布政司，而江西之名定矣。

江西以南昌为省会，秦属九江郡，汉初为淮南国，国除为豫章郡。在晋曰江州，在隋曰洪州，明初为洪都府，后改今名。其东北为饶州，秦亦隶于九江郡。在汉曰鄱阳，梁曰吴州、陈州，唐曰饶州，后又为饶州府。其东为广信，孙吴时为鄱阳、东阳二郡地。隋曰信州，元为信州路，至明改为广信府。其西北为南康，正北为九江，吴曰彭蠡，魏曰庐江，晋曰浔阳。咸和中，苏峻逼健康，温峤自武昌入救，军于当浔阳，其形势亦要矣。正南为建昌，吴曰临川，明初曰肇昌，后因宋有建昌军之号，改从今名。与建昌毗连者为抚州，陈曰宁州，自隋有抚州之称，相沿不改。西为临江，宋之临江军也。西南为吉安，吴之安成郡也，隋为吉州郡，元为吉州路。西北为瑞州，在唐曰靖州、米州、筠州，至元而有瑞州之称。自吉安之南为赣州，按瓯闽百粤之区，介溪谷万山之阴，为岭海之关键，江湖之要枢。自古有事于百粤者，皆出于五岭。故江西之有九江，险在门户；有赣州，险在堂奥。隋唐之世谓之虔州，宋元改为赣州，论形势者，乌可忽哉？秦之会稽郡，辖地最方，自浙水以东以达广信，皆会稽郡也。长沙郡兼及吉安，晋之武昌兼及九江，亦当时形势所在，因地制宜尔。

江右名山曰庐山，汉尝列于祀典以贰于灊岳矣，《豫章·古今志》谓本名南嶂，殷周时有匡俗兄弟七人结庐于此，故名。水曰章、贡，章水出湖南郴州之黄岑山，《汉志》谓之彭水；贡水出福建汀州府之新路岭，《汉志》谓之湖汉水，俱经赣州府城合流，故又名赣州。鄱阳湖周回四百五十里，浸四郡之境，《禹贡》所谓彭蠡，既猪是也。自隋以前，概称彭蠡。炀帝时，以鄱阳山所接，遂有鄱阳之称耳。圣天子疆理天下，东渐西变，无远弗居。江右乃股肱之地，其沿革形胜，又曷弗考哉?

批阅该试卷的考官有三位，批语如下：

同考官拣发知县　孙庆恒　荐

宗人府主事　玉牒馆纂修官　范鸣龢　批　如行熟路

三品卿衔鸿寺少卿军机处行走方略馆提调　朱学勤　批了如指掌

同治六年江西乡试共一百一十九人通过考试，获得举人称号，杨学成位列其中。其答卷三位阅卷人见下。

第一位是同考官孙庆恒。同考官是乡试中协同主考或总裁阅卷之官。因在闱中各居一房，又称“房考官”。科举考试结束后，试卷先分发各同考官阅，加批“荐”给主考或总裁。同考官是实际的阅卷官，例由该省进士、举人出身的现任知县担任。雍正五年（1727）以后，改为邻省举人、进士出身的在家候选官员充任。本次考试第一位阅卷者孙庆恒是咸丰六年（1856）进士。

第二位是宗人府主事、玉牒馆纂修官范鸣龢。宗人府是明清时婚书早在唐代已作为缔结婚约的正式文书出现，得到当时律令的认可与保护。同时，中国传统婚姻关系的建立，其核心实际上是“父母之命、媒妁之言”，因此，传统婚书与现代的结婚证书不能等量齐观。尤其在明清之后，传统婚书的订立者和内容，都表现出鲜明的民间色彩：婚书的订立者通常是订婚男女的家长，而非他们本人；缔结婚约的男女双方，通常会在双方家族的见证下签订婚书；文书中所约定的内容，也往往关乎婚姻缔结双方提出的条件。这样的婚书，既是礼数的一种具体表现，又具有律法的约束效用。

随着社会生活的发展，古代民间的婚姻出现了多种复杂的情况，婚书的角色和用途也有所更换，形式和内容都随之改变。不同时期的婚书，可能对礼数的规定与执行有所出入。尤其是清代以后的婚书，呈现出了更为鲜明的契约色彩。通过比对不同时期的婚书，能够看到其随着人们生活需求改变而发展演变的痕迹。

一、婚书的类别与形式

婚书作为对婚嫁文书的统称，实际上包含了诸多形式、作用不同的类别。按照婚姻缔结的实际情况，有初婚婚书、再婚婚书与买卖婚书之别。通常来说，男女初婚时所开具和签订的婚书中，有一部分可看作“礼书”[1]，例如请婚书、允婚书等，保留着婚书最初为礼制服务的属性；而再婚婚书的契约性质更为鲜明；与前二者相比，买卖婚书更为特殊，其反映的内容并非是婚姻缔结关系，而是不受律法或道德认可却在民间实际存在的交易关系，因此，买卖婚书的本质是一种交易凭证。[2]

唐代开始把新人缔结婚约应履行的流程写进律令。明清以来，考虑到现实生活中复杂多样的情况，相关规定愈发细致。[3]这些规定的主要作用是提前厘清双方责任，规避一些有可能在婚后因家庭、经济或其他特殊情况造成的“清官难断”的纠纷。这增强了婚书的契约性质。

（一）请婚和允婚婚书

初婚婚约订立的第一个环节是“纳采”，相对应的文书，则是由男方家长出具的“请婚书”。在收到请婚书后，如女方家长同意订立婚约之盟，即需向男方出具应允的答复文书，即“允婚书”，又称“答婚书”“凤笺”等。

在清华大学图书馆藏的山西民间历史文书中，有一份光绪己亥年（1899）的请婚书（图 1）。通过这份请婚书能够看到，它并非由提亲的男方本人提出，而是以男方父亲的名义，写给女方的家长。在请婚书的首端，书“忝眷张兆祥端肃顿首拜”；正文中又说“喜以令爱金玉之质，许配小儿瓦缶之材，喜订百年之好，遂成两姓之欢”，整份文书中没有出现婚配男女双方的姓名。

在时代稍晚的民国二年（1913），纳采的程式和内容仍没有大的变化。下图（图 2）这份允婚书中，呈现出和光绪年间的请婚书相同的特点。

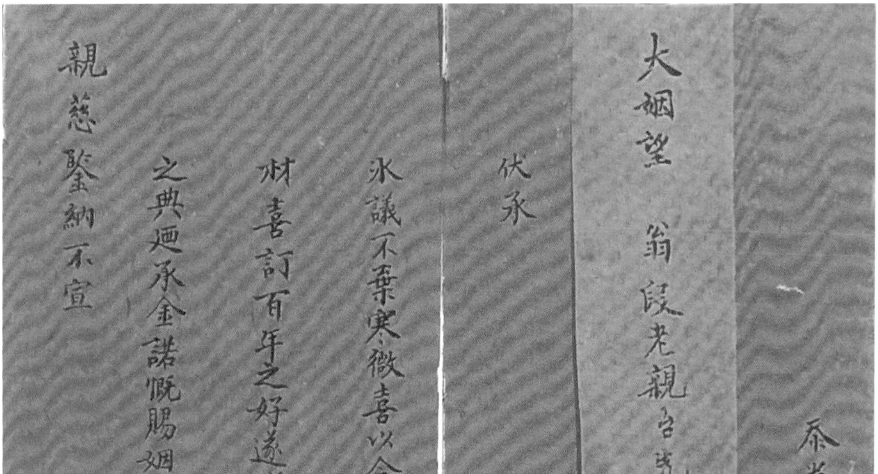

忝眷張兆祥端肅頓首拜

大姻望 翁 段老親台先生大人 台下

伏承

冰議不棄寒微喜以令愛金玉之質許配 小兒風岳之

材喜訂百年之好遂成兩姓之歡月臨陽長之初禮重人倫

之典迺承金諾慨賜姻盟謹具不腆寅書於左伏惟

親慈鑒納不宣

图 1 清光绪时期请婚书

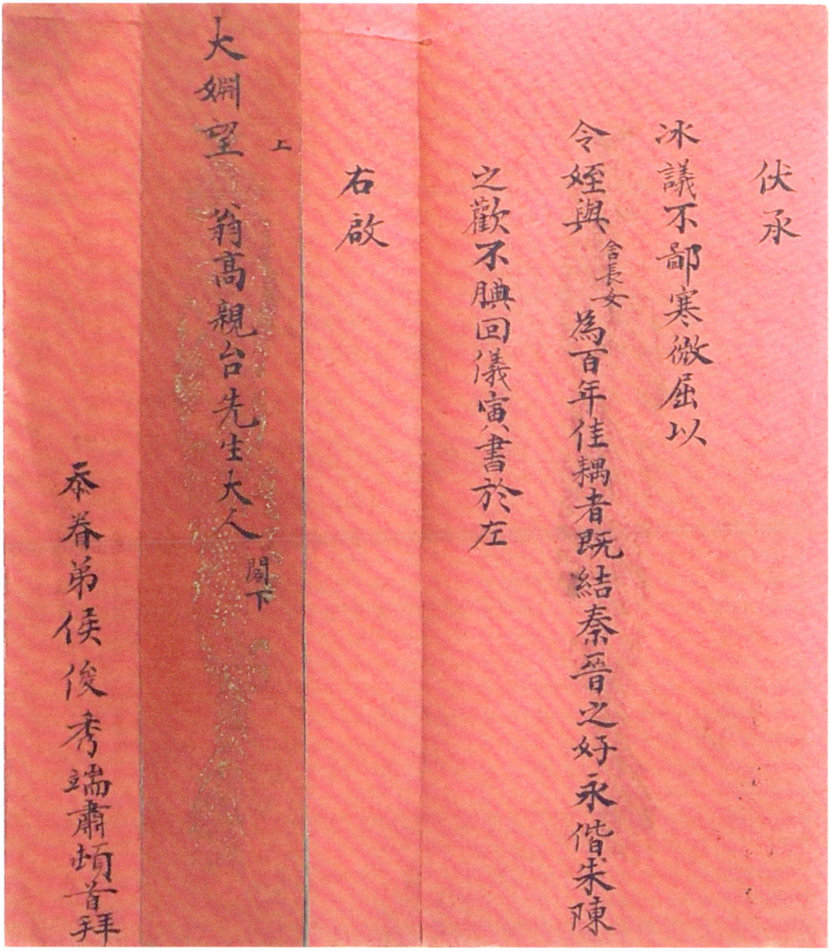
伏承
冰議不鄙寒微屈以
令姪與舍長女為百年佳耦者既結秦晉之好永偕朱陳
之歡不腆回儀寅書於左
右啟
上
大姻望翁高親台先生大人閣下
眷弟侯俊秀端肅頓首拜

图 2 民国时期允婚书

首先，允婚书是以女方父亲的名义回复的，并且从正文内容中能够看出，女方收到的请婚书是由男方的叔父辈写就。其次，允婚书中也没有出现婚配双方当事人的姓名，仅以“令侄”和“舍长女”称呼。另外，这份允婚书的制式与光绪年间的请婚书也颇为相似，只是正文与署名、称呼的左右位置交换。

从一请一答两份婚书可以知道，传统的订立婚约，必须由双方的家长出面提出请求、给出答复，而在文书中隐去男女双方的姓名，则再度彰显出“父母之命”在传统婚姻中的重要地位。

请婚书和允婚书的形式、内容大致如上，此类婚书多以自谦的敬语开端，结以寓意吉祥的祝福语，中心意思旨在男方家庭提亲，征得女方家庭同意。一些请婚、允婚书中会提及男女双方的生辰，但这不是必备内容。同时，也有十分简化的例子。郭松义、定宜庄的《清代民间婚书研究》中列举了宣统年间的一对请、答婚书的事例，这对婚书仅以“仰候玉音”和“谨蒙金诺”，加上双方家人的落款，即完成了请婚和允婚程序。在这种特例之外，大多数请婚书和允婚书都秉承了“礼书”应有的仪式，给予对方礼节性的问候与征询，同时也表现出对新婚夫妇的祝福和期待。

如果请婚和允婚的过程顺利，两方家庭就会开始“问名”。问名需写上男女双方生辰八字的“庚帖”，由男方家庭请人策算二人是否合配。结果合配，即可“纳吉”：男方家庭告知女方家庭，并准备定亲聘婚。随着风俗的演变、礼节的简化，到清代时，“纳吉”已逐渐并入“问名”中。

请婚书、允婚书和庚帖，在广义的婚书中都属于“草帖”，即还未正式订立婚约时的文书。请婚书代表一桩婚约的提出，允婚书说明女方家庭对婚约的认可，庚帖上八字策算的结果则部分地决定了婚约能否达成。如果以上阶段都顺利通过，双方家庭也就从事实上达成了约定。

（二）聘礼帖和定帖

在双方家庭都同意订立婚约后，按照传统应进入“纳征”阶段，由男方家庭向女方家庭送出聘礼作为物质承诺。聘礼的实际数额与价值通常由两家提前商定，聘礼帖即如实记录所送聘礼的数量、种类、价值的清单（图3）。

“纳征”之后，还有“请期”“亲迎”两步。“请期”，顾名思义是为婚礼定下吉祥的举办时间。“亲迎”则指婚礼的正式举办。通常来说，在“纳征”或“请期”时，男女两方需要在家族和媒人的见证下，交换正式的定婚书，即“定帖”。交换后，婚约关系即正式确立。正式的定婚婚书在民间又被称作“龙凤书”“龙凤帖”“鸳鸯书”等，其内容相较请婚书和允婚书，会涉及男女双方更为详细的个人情况与家庭情况。宋代以后，常见的婚书定帖中，往往会列出男女两人的祖父母、父母名讳及他们自己的姓名、籍贯、生辰，以及两家的田产、官职等具体情况。《东京梦华录》中即有关于“细帖”的说明，据其描述，可知“细帖”是较“草帖”更为正式的一份婚书，与明清时期的定帖内容近似。除此，部分定帖还有订婚及婚礼日期等信息。以上关于男女双方的客观信息是正式婚书的必要信息。此外，和请婚、允婚的草帖一样，正式婚书中也会包括礼节性的敬语与祝福语，代表双方家庭对彼此的尊敬和对新人婚姻的祝愿。

正式的婚书定帖，不仅是对双方婚约相关情况的详细介绍，同

图 3 聘礼帖

正

謹具
福壽
鍍金
鍍金
鍍金
鍍金
隻銀

聘金
時式
點翠
時式
時式
長命

伍拾刧
耳墜
領鎖
鈪子
鈪子
纏纏

成圓
成副隨身
成把
成個隨身
成個隨身
成串隨身

时也受到律法保护。在交换婚帖后，一般便不能随意取消婚约、违背承诺，否则将由官府判定和执行相应的惩治措施。因此，定帖较之请婚书、允婚书等草帖，也具有更强的契约属性和法律效力。

（三）再婚婚书与买卖婚书

在中国传统社会，再婚所需的“礼”远少于初婚，因此，再婚婚书的作用，更多的是出于律法而非礼制的需要。明清时期，女子再婚受到严格的限制：如果女子依仗丈夫、儿子得到了荫封，就不允许再改嫁；若女子自愿为已故的丈夫守节，其父母长辈也无权逼迫其改嫁。除了律法的限制，社会舆论及道德更是对女性再嫁有着严苛的审视。在一些地区，女性自愿寡居守节的行为会被当作高尚的道德榜样而予以宣传和表彰。对这种操守的推崇的背面，是对女子再嫁的无形排斥。相较之下，对男性再婚的规定，更多在于制度、手续层面。

明清至民国时期的再婚婚书与当时的制度紧密相关。与初婚婚书相比，再婚婚书需要说明再婚的缘由，还需写明“彩礼钱”。[4]其还有一项不见于初婚婚书的内容，即若再婚者有子女并继续携带他们生活时，需写明子女情况。这些规定增加了再婚婚书的契约特性，也削弱了“财礼”“彩礼”的礼物性质。加上再婚婚书的措辞行文通常也会省去初婚婚书中的敬语、祝语等具有欢庆意义的叙述，这使得再婚婚书的订立从形式上来看，更像是按部就班地履行手续。

和再婚婚书属于受律法认可和保护的文书不同，买卖婚书则反映的是不被官方法制所允许的非法婚姻。买卖婚书中，被卖的绝大部分为女性，和物品交易契约一样，在这种婚书中仅需说明购买的价格以及交易双方约定的相关事宜即可。因此，买卖婚书绝不是一种符合儒家礼制要求的“礼书”，而是纯粹的交易契约。[5] 由于法治观念薄弱、女性地位较男性低下、社会人口的流动性增强等多方原因，买卖婚姻一直作为一种事实存在于古代乃至民国的民间社会中。

既然买卖婚书是一种交易契约，即有买方和卖方。通过对一些现存的买卖婚书的考察可以发现，典卖女性的卖方可以是其父辈亲属，也可以是其丈夫。从这一点能够看到，古代及近代民间社会中的两性地位有着明显的不对等，妻子与丈夫之间有着约定俗成的从属关系。

除了买卖婚书这种违背儒家道德的婚书契约，还有童养媳婚书、入赘婚书等一些同样不合礼数却广泛存在的文书形式，它们对应着传统社会中夫妻双方权利失衡的婚姻关系和严重分化的阶级关系，这些婚姻的达成无法在社会道德层面得到广泛肯定，因此私下签订婚书契约成为确立这种关系的唯一保证。

二、门第、风俗与利益：婚书的文化意义

从婚书的内容，我们能够看到中国传统社会中家庭的重要性。婚姻的缔结、婚书的订立，不能由初婚的男女二人自行完成，可以说，在一对男女缔结婚姻的程序背后，包含着的更是两个家庭甚至是家族结成姻亲的重要意义。

正因如此，从家庭 / 家族的角度考虑，婚姻的门当户对就显得格

外重要。甚至不少家庭会将这一准则写入家训中，比如写于明清之际的《茗洲吴氏家典》中即有说法："有门第非偶，妄自缔昏（婚）者；……种种恶习，不可枚举，有一于此，便非古道。"[6]门当户对在古代民间社会的婚姻中，不仅是一种倾向，更是许多家庭，尤其是有一定经济基础和社会地位的家庭所严格遵循的主张。了解了历史上的传统婚姻背后这一层门第观念后，也就不难理解在婚书定帖的正文中为何需要详细写出祖孙三代的姓名、籍贯、家族的田产、家人的官职等情况，这实际上关乎的正是两家联姻是否遵循了基本的门第匹配原则。

门第是联姻双方所考虑的要素之一，但聘礼在早期的婚姻之礼中不是出于利益交换原则而存在，而是对儒家礼教的一种表达。许多研究都提到过，中国古代婚礼原本是在封建社会的贵族阶层中产生，平民阶层无须严格遵守这些礼数程序。随着时代的演进以及社会形态的变化，民间社会对上层贵族的规制选择性地吸收，将其越来越多地应用到平民生活中。为了维护礼制的秩序，官方对聘礼数量按照不同阶层做出了不同的等级规定。但平民阶层对财富的占有、对文化的学习和对礼教的理解，与古代贵族阶层都有巨大的不同，这导致了原本的"六礼"在民间婚姻缔结程序中逐渐体现出重利的特点。有研究认为，在士大夫和平民阶层的结姻中，有很多未遵守规定而出现"逾制"的情况，而"'逾制'与婚姻论财有密切关系"，"'利'最终突破'礼'发展到不可遏制的地步，特别是在明清时期愈演愈烈"。[7]这就明确揭示了明清时期的定婚帖为何会演变为兼具礼书和契约性质的文书。

从礼数、风俗到利益约定的过程，即婚姻文书的契约性质强化的过程。与此同时，从晚近社会的初婚婚书中，我们还是能够看到儒家礼制的身影，正是有赖于民间社会对原本“不下庶人”的礼的效仿和传承，今天才能从留存的文书资料中看到这些宝贵的信息，了解历史中的婚姻缔结方式。同时，在儒家的礼教文化中，有不少传统直到今天还对社会生活产生着深远而广泛的影响，通过加深对过去民间婚姻制度与契约的认识，我们也能够更深入地理解一些沿袭至今的礼制与风俗。

资料来源

[1]《清代民间婚书研究》一书中，即将婚书划分为“礼书”和“婚契”两类，认为“初婚婚书必由家长开具，一般是男请女答，婚书内列男女生辰八字及三代姓氏、籍贯、媒证”，而“契约式婚书则由出嫁的一方开具（入赘婚书由入赘方开具），内具婚嫁缘由、聘金数额及其他业经商妥的事项，而且必须有开列婚契的一方与媒证共同的签字画押，交付对方作为凭证”。郭松义、定宜庄：《清代民间婚书研究》，人民出版社，2005 年，第 7 页。

[2]《清代民间婚书研究》在论及“买妾文约”时认为：“无论称婚书、婚约或婚契，其实都一样，都属于契约式文书，与正常婚娶中所行婚书（如礼书、鸳鸯书等）有着本质的不同，之所以标之为‘婚书’，不过是买卖双方为此交易蒙上的一层温情面纱而已。”郭松义、定宜庄：《清代民间婚书研究》，第 198 页。

[3] 明代律法明文规定：“凡男女定婚之初……写立婚书，依礼聘嫁。凡招婿，须凭媒妁，明立婚书，开写养老或出舍年限。”怀效锋点校：《大明律·户律三》，

法律出版社，1999 年，第 59—60 页。

[4] 李楠：《传统与嬗变——民国山西婚书研究》，山西大学 2017 年硕士论文，第 41 页。

[5]《清代民间婚书研究》指出，这些“儒家礼教并不赞同，但却被法律允许的大量存在于民间的婚姻关系，由于它们不合乎礼而主要建立在利的基础之上，所以都是通过双方写立的契约来实现的”。郭松义、定宜庄：《清代民间婚书研究》，第 5 页。

[6]〔清〕吴翟：《茗洲吴氏家典》，黄山书社，2006 年，第 81—82 页。

[7] 王跃生：《婚书的功能及其演变》，《中国图书评论》2007 年第 6 期，第 47 页。虽然明清以后，婚姻关系的建立中利益已逐渐成为双方家庭最重要的协商条件，但文中仍肯定了其中体现出的平等和自愿精神：“不过，总的来看，礼书表现出结姻双方家庭平等的精神。尽管纳征时的聘礼和妆奁上有论财之嫌，但主流婚姻是建立在双方家庭根据经济条件自愿安排‘聘礼’和‘妆奁’的基础上。”

历史中的土地

——清华大学图书馆藏清代鱼鳞册中的山西古村

清代尤侗的《西堂杂俎》中有这样一段话：“太白诗云：‘山鸟下听事，夜蝉落酒中。’少陵诗云：‘疏帘衙退卷花轴，曲槛客来听竹风。’每想斯贤，邈焉绝俗，今日作吏，拥几相对，惟有鱼鳞册、赤历簿耳。”[1] 这段话是说，在清代为官吏，已无法像唐代人一样拥有闲适的心境，剩下的只有忙碌的公务。从这段话中，足见清代政务的烦琐景象，而鱼鳞册、赤历簿就是政务繁重、卷帙庞杂的代称。鱼鳞册这一名称颇具诗意，在尤侗的叙述中，却是一种清代官吏不得不处理的公文文书。那么，究竟什么是鱼鳞册？它是否真如清人所说的这样枯燥无味？其在中国古代社会的运转中又起到什么重要作用呢？

一、什么是鱼鳞册？

鱼鳞册是中国古代官府登记土地、赋税等信息的账簿，主要是关于土地面积、四至、归属、税收金额的详细记录，又称鱼鳞图册、鱼鳞图籍等。也有研究认为，鱼鳞图册是鱼鳞总图和鱼鳞册的总称，总图是“总括土地丘块的地形分布示意图，在地理空间分布上有连续性”；“鱼鳞册是将‘总图’上编号的每块土地绘制成独立地块的分图，详细登记都图、业户、土地数字、四至等信息”。[2] 要之，鱼鳞总图是关于一个区域内整片地块的总图示例，能够直观反映出一个地区的地形和地块分布情况；鱼鳞册则是对每一地块的单独绘制和详细记载。鱼鳞图册因其总图图绘形状近似鱼鳞而得名[3]，学界一般认为，鱼鳞图册最早出现于南宋[4]，随即在全国推广，从州至县，在各级、各地都有造册，类别庞杂，数量众多。随着朝代更迭，各地都有大量相关文献留存至今。徽州、婺州的鱼鳞册都有大宗遗存，有助于我们了解当地当时的土地划分、变更、税收以及农业生产等各方面情况。[5]

除了关于土地的基本信息，鱼鳞册往往还能反映当时的土地丈量单位、测绘手段等相关信息，是我们了解历史上土地测量知识发展变化的重要途径。

二、清华大学图书馆藏鱼鳞册

清华大学图书馆藏清光绪抄本鱼鳞册一册。该鱼鳞册抄本高二十七厘米，宽二十四厘米，封面、封底、扉页及正文共四十九叶，正文每叶双面。版式为单边，花口，单黑鱼尾。每半叶划分为三栏，一栏记载一号地段信息。每号所载内容分别有字围、段、地主、四至、畛、地、长、阔、征粮（图 1）。

该鱼鳞册封面、扉页和前六叶有较大面积缺损，疑为鼠啮（图 2）。书的封面及内页均有钤印，书“曲沃县印”（图 3），表示该鱼鳞册记载的是光绪年间山西省曲沃县的土地归属情况。封面署“鱼鳞册壹本”“光绪□□年清粮总局抄发”“存庙备查”“头乡”“堡河村收执”。“堡河村收执”表明该鱼鳞册由堡河村保管；“存庙备查”同样意味着这份鱼鳞册的所有权属于堡河村，存放于该村的庙中。因此，该鱼鳞册并非曲沃官府存收的官方公文，而是村中收存的备份抄本。

该鱼鳞册的内扉页署有“共地”“坡沟滩”“陆拾叁亩壹分壹厘捌毫肆丝壹忽贰微”“贰伯叁拾贰亩捌分五厘陆毫肆丝叁忽贰微”（图 4）。这里的“坡沟滩”记录的是该地地形的类别，后两组数字则是该次土地丈量中坡地和沟滩地的实际总面积，坡地约合四万两千零七十八平方米，沟滩地约合十五万五千二百三十七平方米，二者比例为一比三点七。

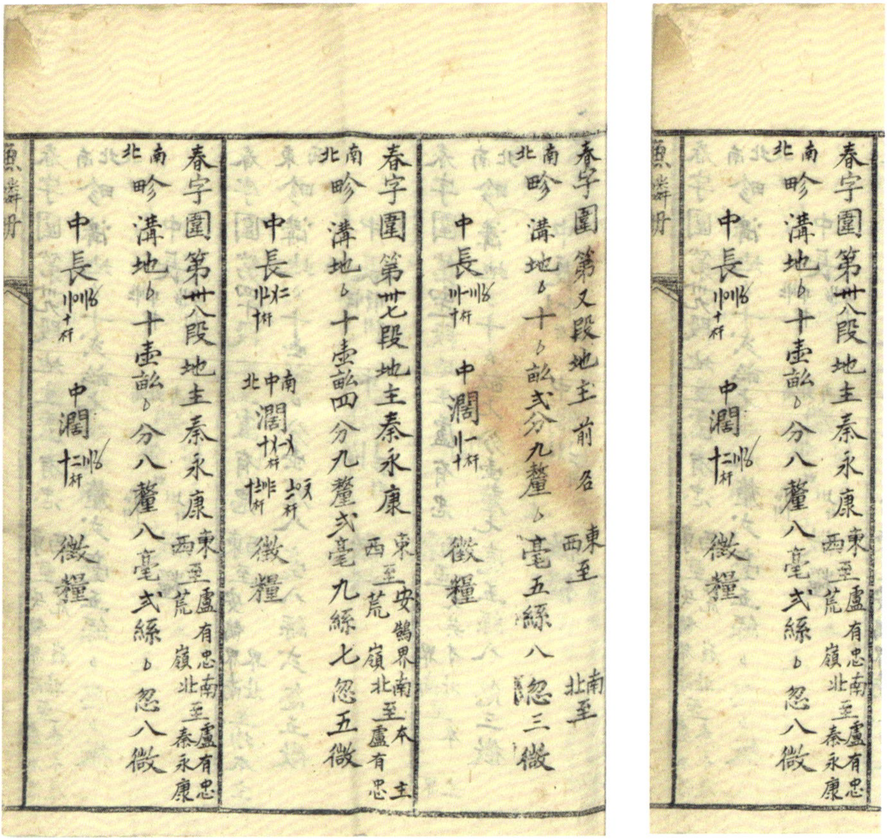

图 1 鱼鳞册的版式及每栏制式

根据这些记录，我们能够清楚知道村里的土地构成，从而推导当地地形。堡河村的地形分为坡地、沟地、滩地三类（图 5），其中坡地共五十段；沟地一百一十段；滩地一百一十五段，其中包含三段平滩地。从这些记载可知，堡河村以平原和丘陵地形为主，具有较为明显的山西省中部地形特点。顾名思义，坡地即位于山坡上的农地，有一定的倾斜度，阳面有较好的日照条件，但有一定开垦难度；

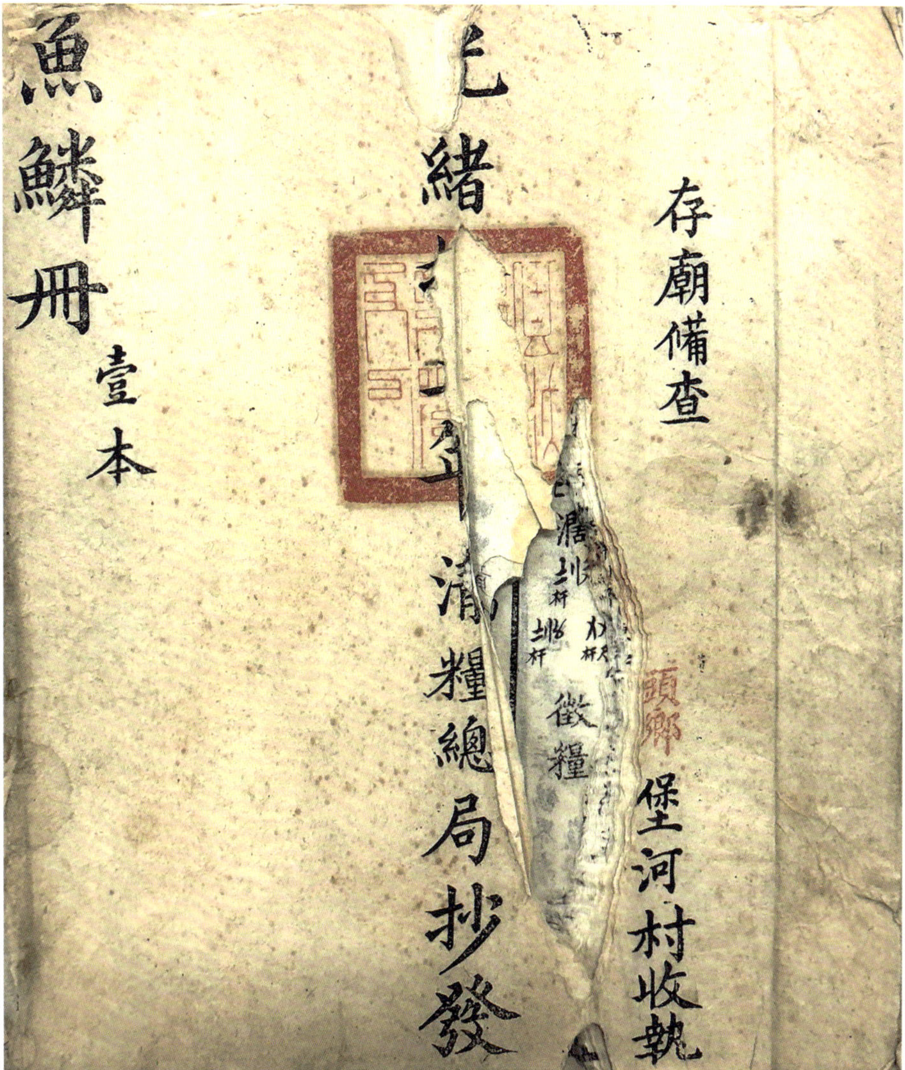

图 2　鱼鳞册书影

图 3 鱼鳞册上的“曲沃县印”（右侧是汉文篆书，左侧是满文篆书）

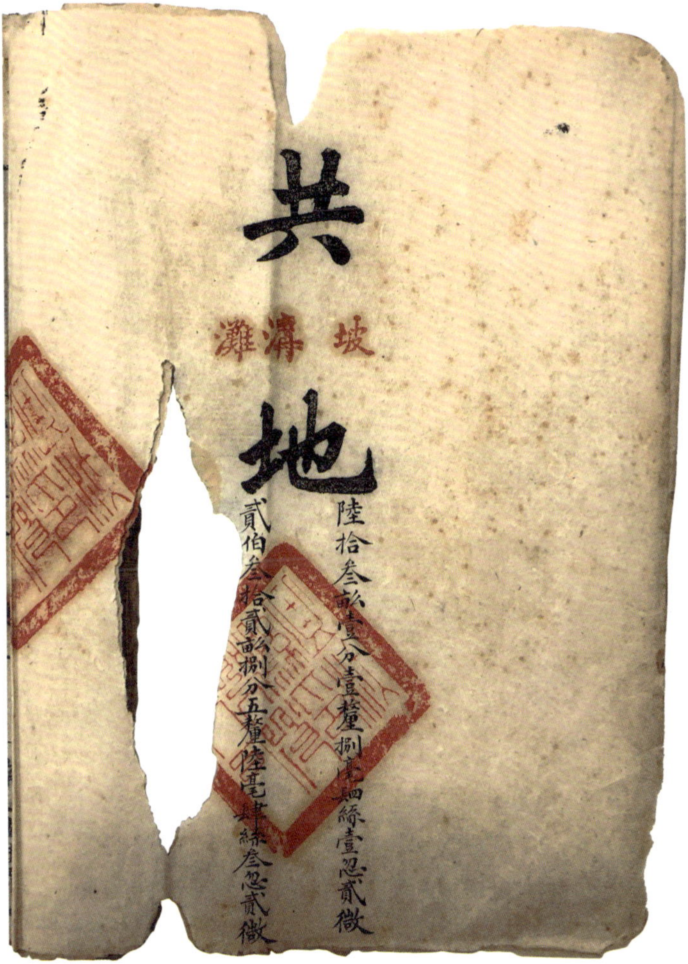

图 4 鱼鳞册内扉页

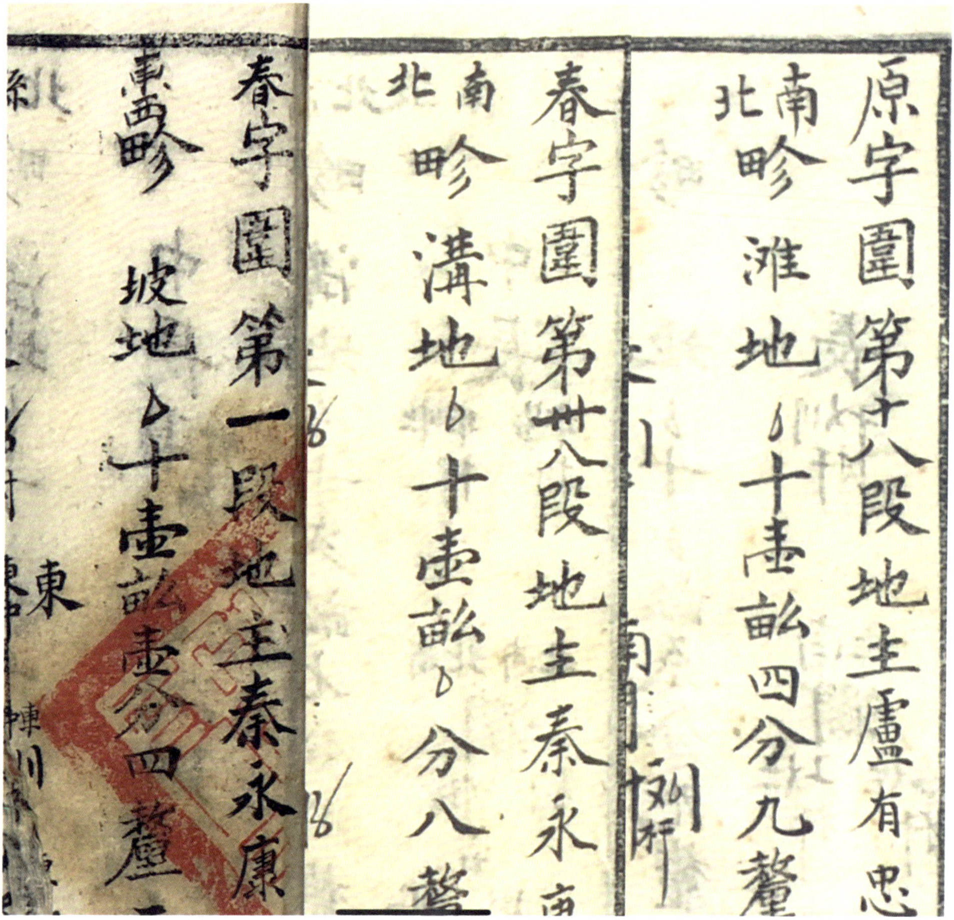
原字圍第十八段地主盧有忠
南北畛 灘地
十畝四分九釐
春字圍第卅八段地主秦永
南北畛 溝地
十畝分八釐
春字圍第一段地主秦永康
東西畛 坡地
十畝畝四釐

图 5 滩地、沟地与坡地

沟地地势较为遮蔽，地形低凹；滩地是由于水位涨落而形成的河流边的地块，在洪水时节有被冲刷、淹没的风险。詹玉荣、谢经荣的《中国土地价格及估价方法研究——民国时期地价研究》中提到了“旧中国地价”中的“土地分级标准问题”，其中举例说到陕西省按照“土地性质、地势不同”，把农地分为滩地、沟台、沟地、平原地、山坡地等多种类别。[6] 从这本鱼鳞册中能够看到，晚清时期的山西省也应实施着类似的分类方法，为不同地势的农田规定不同的租售及税收价格。而由于滩地的面积及划分标识都会随着河水冲刷变得模糊不清，鱼鳞册中对滩地四至和面积的记录就显得尤为重要，是水退之后认定各段土地面积及归属的可靠凭证。胡英泽《流动的土地与固化的地权——清代至民国关中东部地册研究》一文中论及，黄河河道的移徙给晋、陕两地的土地权属带来复杂不清的纷争，为了解决这一问题，“沿河村庄十分重视滩地鱼鳞图册及地册的攒造”。[7]

该鱼鳞册为手抄本，有册无图，其中还有部分眉批标注有“鱼鳞原无尺杆”字样，说明该地块在原鱼鳞图中没有丈量数据。书中也没有记录征粮及赋税的具体数值。全书按字号顺序排列，划分为“春”“风”“雨”“露”“之”“原”六个部分。从“春”字第一段起，至“原”字第四十五段止，共记载了堡河村二百七十五段土地信息。据书中提供的线索，可推导出部分与堡河村相邻的村落。堡河村的部分地块，比如“春”字围第一段地块，其地理位置为“南至安鹄界”。又如“风”字围第三十一段地块，“北至浍河界”；“之”字围第四十一段地块第二段，“北至安吉村界”（图6）。根据这些信息，可知堡河村北临浍河、安吉村，南接安鹄村，与今天山西曲沃的堡河位置基本一致。

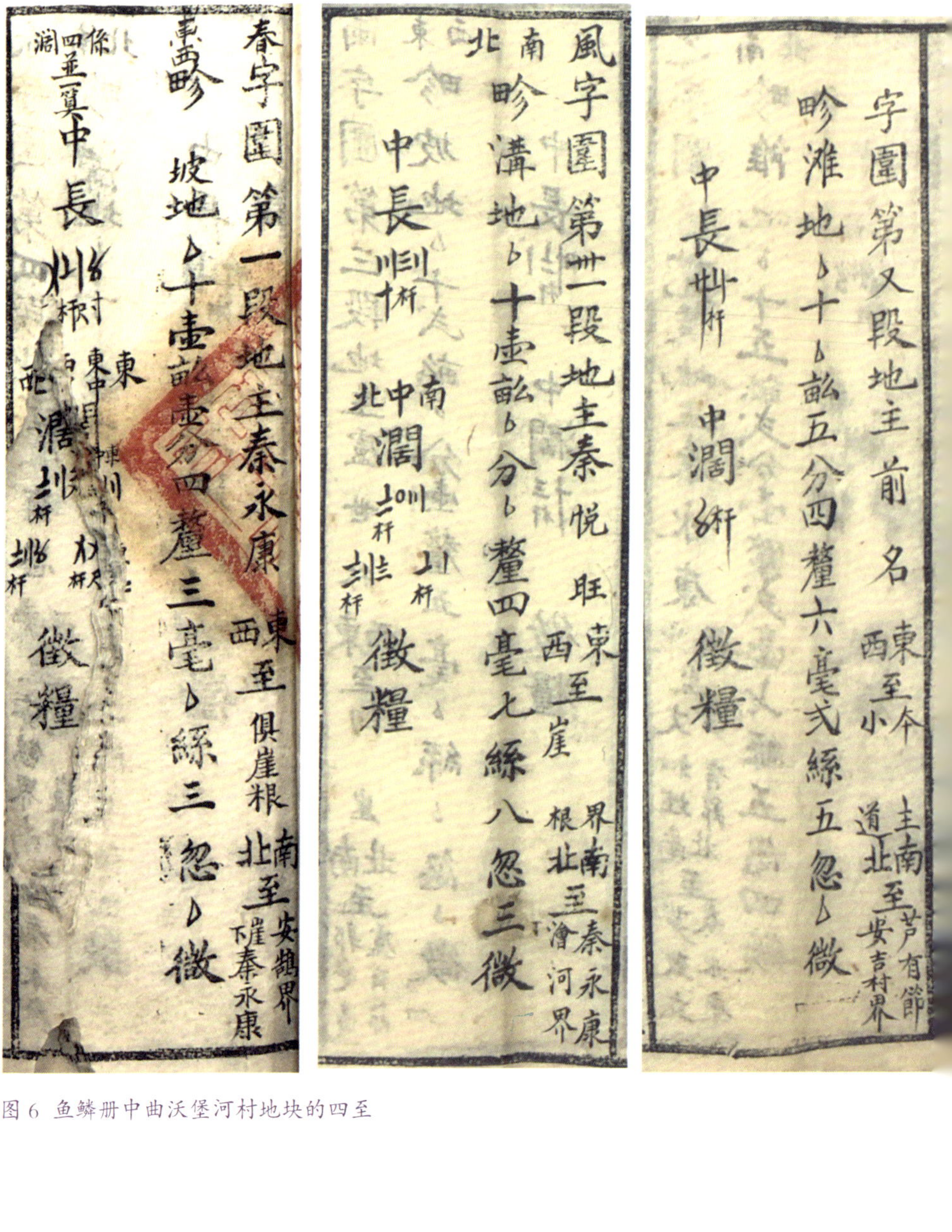

图 6 鱼鳞册中曲沃堡河村地块的四至

鱼鳞册不仅能为我们呈现一时一地的土地分配情况，还包含了一些当地重要公共场所的信息（图 7）。在这一册鱼鳞册中，就能找出娘娘庙（“露”字围第三十六段，“西至娘娘庙界”）、天水渠（“风”字围第九段，“东至天水渠”）、关帝社（关帝庙，“风”字围第十一段、第十二段地块，“东至关帝社”）、土圪塔（“风”字围第六段、第七段地块，“东至土圪塔”“北至土圪塔”）等堡河村及其周边的公共建筑。这不仅有助于我们更详细地了解清光绪时期堡河村当时的基本建筑设施，甚至还能大致勾勒出当地日常社会生活、宗教信仰以及人文风土的基本面貌。

如果以鱼鳞册记载的基本信息为基础，进行更微观的研究，甚至可以考察每户拥有的地块数量及类别，来大致判断清光绪年间堡河村地主家庭的土地占有和经济收入情况。仅粗略来看，即可知道堡河村以秦、卢两大姓氏为主，因其土地占有率较高。

总的来说，鱼鳞图册包含着丰富的土地、赋税信息，从中能够找到具体的土地面积、划分、交易、税收、地形等基本史料。山西地区的鱼鳞图册今存相对较少，清华大学图书馆所藏的曲沃县堡河村鱼鳞册，是研究山西土地归属和变迁的一种重要历史资料。从今天的卫星图来看，尽管其地理位置几乎没有变化，周围的村落也和清光绪年间相去不远，唯独堡河一地随着居民迁出而逐渐萧条，农业荒废，成为人烟稀少的一片荒岭，但我们尚能从一本小小的鱼鳞册中，得知曾经在堡河村居住过的村民、耕地的分布归属情况，想象此地几百年前生动鲜活的景象。

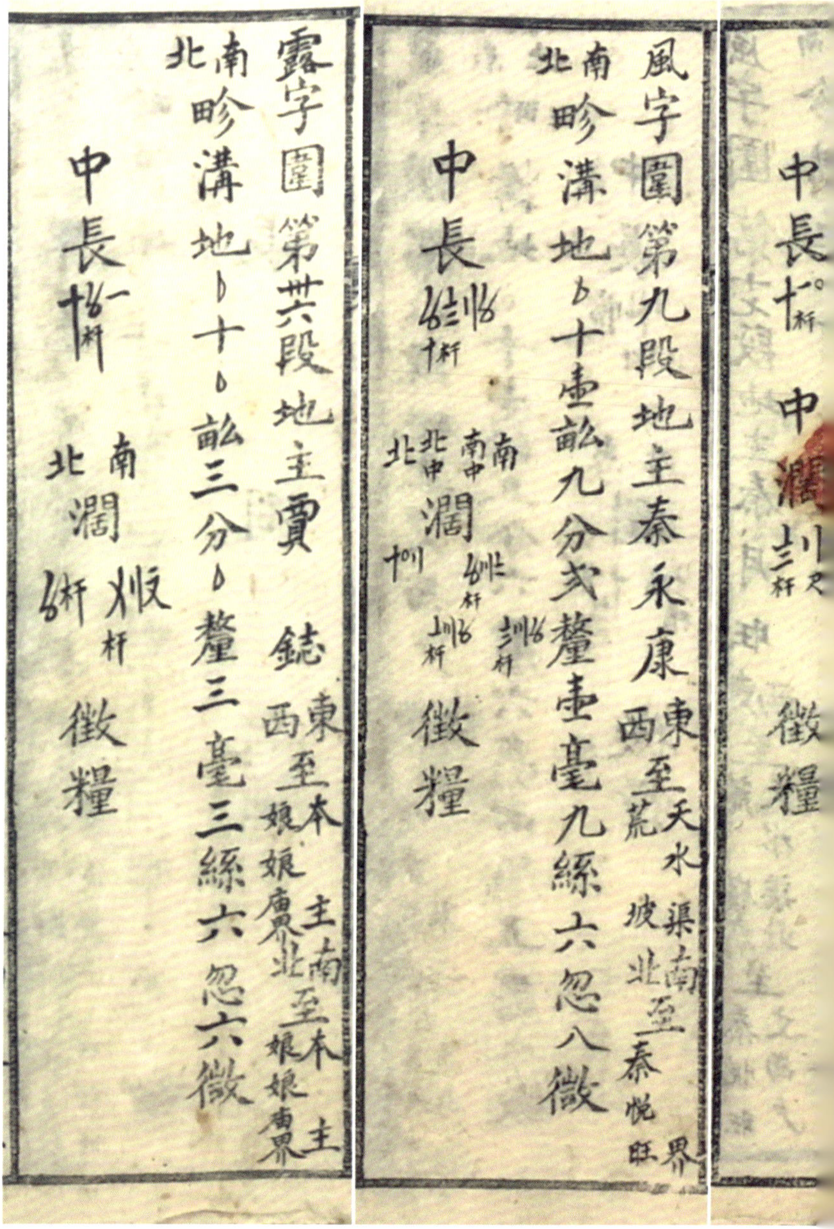

图 7 鱼鳞册中的地理与公共建筑信息

風字圍第六段地主秦永康

東至土圪塔 西 界 南至秦永康 北至土圪塔

南北畛溝地ㄅ十ㄅ畝五分壹釐ㄅ毫ㄅ絲五忽四微

中長〦一寸 杆

南北濶 十一杆 〤〥杆

徵糧

風字圍第七段地主秦永康

東至土圪塔 西 界 南至 北至本 界主

南北畛溝地ㄅ十ㄅ畝九分三釐七毫弍絲五忽ㄅ微

中長〦〢杆

南北濶 十一杆 〤〥杆

徵糧

風字圍第十二段地主秦悅旺

東至關帝社 西至秦悅旺 南 北至崖根 界

中長

徵糧

资料来源

[1]〔清〕尤侗：《题余明府册叶》，载《西堂杂俎》二集卷四，清康熙刻本。

[2] 参见汪庆元：《清代徽州鱼鳞图册研究》，安徽教育出版社，2017 年。冯超《鱼鳞图册：清代徽州土地档案》一文提炼其说，总结为："'图'是鱼鳞总图，'册'是鱼鳞册。"冯超：《鱼鳞图册：清代徽州土地档案》，《中国社会科学报》2019 年 6 月 6 日。

[3] 关于鱼鳞册的作用，可参见何炳棣：《中国古今土地数字的考释和评价》，中国社会科学出版社，1988 年。

[4] 参见栾成显《鱼鳞图册的遗存与研究价值》、汪庆元《清代徽州鱼鳞图册研究》等研究。栾成显：《鱼鳞图册的遗存与研究价值》，《浙江学刊》2019 年第 1 期，第 50—57 页。汪庆元：《清代徽州鱼鳞图册研究》，安徽教育出版社，2017 年。

[5] 参见栾成显：《鱼鳞图册的遗存与研究价值》，《浙江学刊》2019 年第 1 期，第 50—57 页。

[6] 詹玉荣、谢经荣：《中国土地价格及估价方法研究——民国时期地价研究》，北京农业大学出版社，1994 年。

[7] 胡英泽：《流动的土地与固化的地权——清代至民国关中东部地册研究》，《近代史研究》2008 年第 3 期，第 117—139 页。

民间文书中的“一抔之土”

日常生活中，人们在形容“坟墓”时经常会用到“墓地”“坟地”“坟冢”等词语，但在使用中并没有对这些词语的具体含义做出明确区分。本文在表述中以“坟墓”为主。坟墓是指埋葬死人的地方，从字面意义理解是“筑土为坟，穴地为墓”，合之即为坟墓。在中国，坟墓自古就受到普遍重视，在中国人看来，坟墓是人死之后的安身之所，更是后人对已逝者尽孝道的体现。此外，古代中国人也有坟墓风水之好坏会影响后人祸福的观念。因此，中国人自古以来都普遍重视坟墓的选址风水及其周围环境。坟墓虽然是已逝者的居所，但从来都不只是与已逝者有关，与在世者同样有着紧密的联系。坟墓是体现我国传统文化中生死观念的物质载体，换句话说，古代中国人坚信人在死亡之后灵魂是不灭的，因而通过为已逝者建造坟墓能够实现在世者与已逝者之间的沟通。同时，坟墓还承载着风俗、道德、信仰、心理等各种因素的发展。由于坟墓总要占用一定面积的土地，尤其是古代的上层权贵们在去世后修筑坟墓占用土地的面积往往更大，但无论是社会上层还是下层，在获取用于建造坟地的土地或维护已经建成的坟地时，都不可避免地会因为坟地与外界发生联系，于是便出现了通过契约来明晰坟墓归属及流转的社会习俗。根据目前所掌握的资料来看，这一习俗在汉代就已出现，在明清以来日益广泛地出现在日常生活之中，如山西地区便传下来了大量清代及民国时期坟地流转及其他与坟地相关的地契，这为我们了解地契中的坟墓及相关历史故事提供了参照。

一、“灵魂不灭”与坟墓的产生

人类除了身体尚有灵魂，这是原始社会时期就已形成的一般观念。古人普遍认为灵魂可以独立于人的身体而存在，尤其是当人去世之后，作为躯壳的身体与不死的灵魂开始分离，身体被各种各样的丧葬形式处理之后，灵魂脱离身体后还会继续存在。恩格斯对此提出过这样一个著名的论断：“在远古时代，人们还完全不知道自己身体的构造，并且受梦中景象的影响，于是就产生一种观念：他们的思维和感觉不是他们身体的活动，而是一种独特的、寓于这个身体之中而在人死亡时就离开身体的灵魂的活动。从这个时候起，人们不得不思考这种灵魂对外部世界的关系。既然灵魂在人死时离开肉体而继续活着，那么就没有任何理由去设想它本身还会死亡；这样就产生了灵魂不死的观念。”[1] 在中国，这种“灵魂不灭”的观念在史前时代就已经普遍存在了。当人类文明进入石器时代尤其是新石器时代以来，灵魂观念成为丧葬制度产生的基础，丧葬与“灵魂不灭”的观念总是紧密结合在一起，并深深地影响着人们的社会生活。

由于古人普遍认为人的生和死在本质上并无太大区别，灵魂在人死亡之后会到另外一个世界，所以要善待甚至是优待已逝者留下的尸体，并为之安排住所，像旧石器时代晚期的山顶洞人便有将已逝者安葬于在世者生存居住地地下的习俗。但在史前时代，人们对于墓地的选择并不完全同于山顶洞人。原始社会时期的人们需要通过迁徙以获取生存所需给养，因而那一时期人们的生存状态是迁徙不定的，所以对去世亲人墓地的选择大多比较随意。随着人类文明的发展，人类族群开始扩大并形成了相对固定的生存区域，墓葬的选址与习俗等都逐渐形成规范，如仰韶文化时期的半坡遗址中，墓地与居住区之间确立了明显的以壕沟为分界线的地理标志。且自此时期开始，出现了更多以血缘关系为主的氏族墓葬，那些有共同血缘关系的人，生的时候在一起劳动、一起娱乐，死了之后灵魂也同样伴随着活着的人存在于聚落的周围。正如宋兆麟在《云南永宁纳西族的葬俗——兼谈对仰韶文化葬俗的看法》一文中所说的那样，“同一氏族的人，都是一个根子中生出来的，有共同的祖先，有着骨肉关系，活着在一起，死了也要在一起”。[2] 这也就是说，在世的人和已去世的亲人虽然阴阳两隔，但是同样还是有千丝万缕的联系。当新开立坟地时，在地契中也会体现出风水之说。如清华大学图书馆收录的M0347号地契（图1）：

新立坟地序

常思地理之道，实钟岳渎之灵，富贵滋基，乃系山川之秀，龙穴沙水，皆阴阳乘质者也。山结五星，正者贵而斜者贱；人禀五行，清者贵而浊者贫。万物皆本乎此理也。今因先令之骸骨，不得阴阳钟灵之气，而子孙何能护福乎？如侯府，新采地，土名梨树圪塔，来龙甚远，起伏转折，一涌而下，到头结旁闪穴，作艮龙论，宜作艮山坤向，丙申、丙寅分金，会成坐帐之势，本山清润，人丁繁盛也。堂局宽广，收旺水到堂交会，从丁未借库消纳而去，此水局养向消水法也。众吉高耸，后必发贵也，水来涌涌，水口交锁紧固，关收垣局之气不泄，后开金井宜下八尺深，合得巨门官局，下见黄土白丝为验，日后用事再得扶龙补脉，相主命吉日，择地之道思遇半矣。

（坟墓形式参见地契所绘。——撰者注）

礼经昭穆，永以为例。

民国十六年三月初五日

这一份地契内容显示出坟墓选址风水得当即能够庇佑子孙后代、保障家族繁荣昌盛的观念，而这种土地选址的依据是山川水势、五行方位并结合人类特质等基本原则，演绎出坟墓选址的风水之理论。

在中国人的心目中，虽然祖先或已过世的长辈的躯体被埋入了

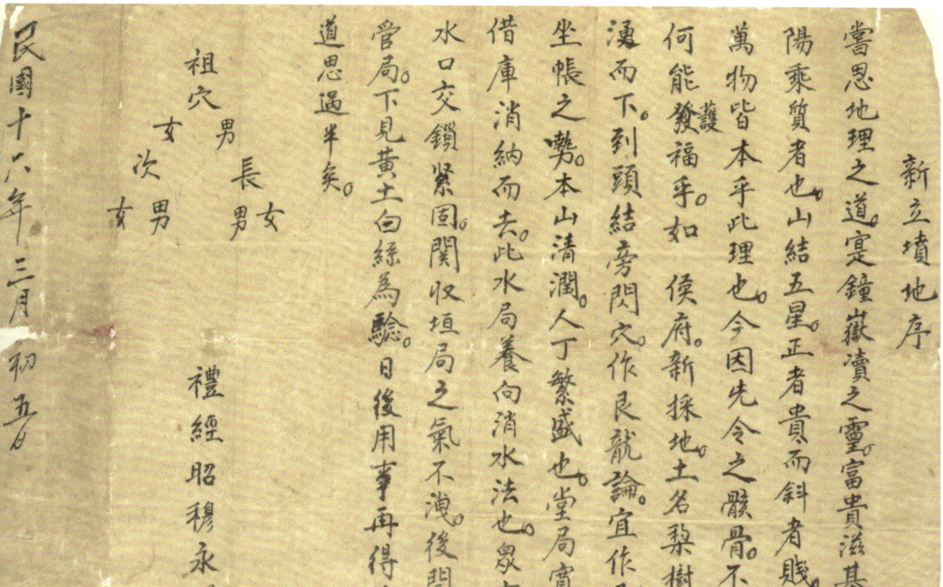
新立墳地序

嘗思地理之道寔鍾嶽瀆之靈。富貴滋基。乃係山川之秀。龍穴沙水。皆陰陽乘質者也。山結五星。正者貴而斜者賤。人稟五行。清者貴而濁者貧。萬物皆本乎此理也。今因先令之骸骨。不得陰陽鍾靈之氣。而子孫何能發護福乎。如 侯府。新採地土名梨樹圪塔。來龍甚遠。起伏轉折。一瀉而下。到頭結旁閃穴。作艮龍論。宜作艮山坤向。丙申丙寅分金。會成坐帳之勢。本山清潤。人丁繁盛也。堂局寬廣。收旺水到堂交會。從丁未借庫消納而去。此水局養向消水法也。衆吉高峰。後必發貴也。水來瀉瀉。水口交鎖緊固。閑收垣局之氣不洩。後開金井宜下八尺深。合得巨門當局。下見黃土白綠為驗。日後用事再得扶龍補脈。相主命吉日。擇地之道思過半矣。

禮經昭穆永以為例

祖穴 男 女 長男 長女 次男 女

民國十六年三月初五日

图 1 M0347 号地契

坟墓，但是他们的灵魂仍然存在，护佑着本族的子孙后人，维系着家族的传承。人的死亡不单单是一个人或者一个家庭的事情，而是同死者相关人群及生存地区都存在一定关系。英国学者马林诺夫斯基在《巫术科学宗教与神话》一书中就死亡指出："死这专私的行为，任何人唯一最专私的行为，乃变成一项公共的事故，一项部落的事故。"[3] 活着的族民通过坟墓举行祭祀仪式，可以沟通死者与活人，使得他们在冥界得以安宁并佑助着后人。如《中庸》有"事死如事生""事亡如事存"等说法，这些早期文献也都体现出中国人的生死观以及对待坟墓等观点。

中国人也逐渐形成了"入土为安"的观念，认为只有这样，死者才能得以安息，生者方能觉得心安。"死无葬身之地"不仅是对人最恶毒的诅咒，同时也是人去世之后最悲惨的结局，因而古代中国流传着"自古道盖棺事定，入土为安"的传统习俗，意在表明一个人去世之后才能评价其一生的功过是非，且一定要"入土为安"才能让已逝者安息、让生者慰藉，因而"入土为安"是对去世者与在世者均有重要意义的社会性行为。随着历史的发展，这种行为也被尊奉为一项重要的社会道德准则。当家庭或是家族发展遇到障碍或是其他因素干扰而出现不顺畅时，有时在世者认为是由于坟墓选址不当或已去世的先人对在世者的不满意，在这种情况下在世者往往会选择更好的风水之地建立新的坟地。如清华大学图书馆收录的 M0346 号地契（图 2）：

新开坟谱

李氏信人也，移茔换向，地脉气，地理源头根尾，太主山官道岭其伏，串珠过峡，湾湾曲折，叠节绣气，传漳转焕，握

新

新開墳譜

李氏信人也移堂換向地脈氣地理源頭根尾太主山官道嶺其伏串珠過峽灣
灣曲拆疊節綿氣傳潭轉煥掔曲活動山明水秀城墻嶺格分支葉震龍入首到
頭結局樂已四象臺南頭地現出穴富各為金鈎卦月卧牛之地宜立艮山坤向
堪立陰府頭桃圓盤蓋頂頂上加頂連步高昇足登裡魚疊積魚躍龍門左龍身拈
山護主右白虎格河朝迎前案山三枝朝賀手換印父子雙行右水上堂歸庫
山環水繞地勢真設立陰宅事根本揆命根元出仙人男青女秀富與貴添丁
進財貴扶身不義而富且貴地理散應生貴子見石頭煥成金銀我保你三一
世人連步高昇陰功大地脈吹富秀石案三五載添人口財源茂盛看的好山脈
轉人傑地靈你有德敢應到各人來了兩儀合看塊地依陰宅步步登高日後現功也

福地辰龍入首艮山坤向丁丑丁未分金

穴深九尺六寸

本山后土尊神位

民國十四年歲次乙丑又四月初十日吉立

湧泉鎮鄭煥光自看流譜

墳内日後土色鮮擠白紅黃座底金砂代石
有出富有活物不可移動萬無不應也

其墳真穴
寬十二步
長十六步
日後大發人
財官高富貴

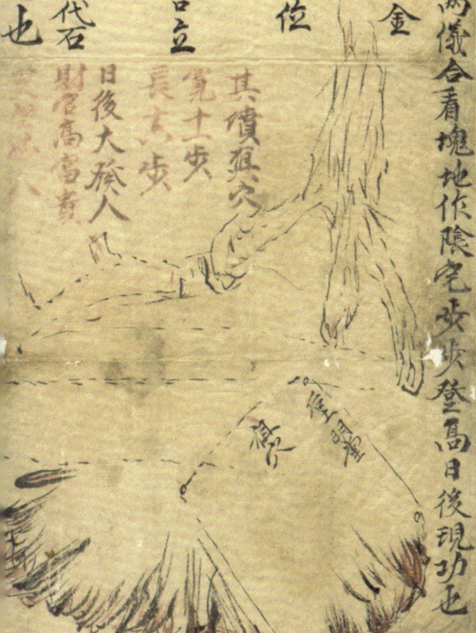

目 2 M0346 号地契

曲活动，山明水秀，城墙岭格分支叶，震龙入首，到头结局，乐已四家台，南头地现出穴窝，各为金钓卦月，卧牛之地，宜立艮山坤向，堪立阴府，头枕圆盘盖顶，顶上加顶，连步高升，足登里（通“鲤”。——撰者注）鱼叠积，鱼跃龙门，左龙身拈山护主，右白虎格河朝迎，前案山三枝朝贺，手摸印父子双行，右水上堂，归止库山环水绕地契真，设立阴宅事根本，按命根元出仙人，男青女秀，富兴贵，添丁进财贵扶身，不义而富且贵，地理敢应生贵子，见石头焕成金银，我保你三世人连步高升，阴功大地脉吹富秀石崇三五载，添人口财源茂盛，看的好山脉，转人杰地灵，你有德敢应到各人来了，两仪合看块地作阴宅，步步登高，日后现功也。

福地衮龙入首艮山坤向，丁丑、丁未分金。

穴深九尺六寸。

本山，后土，尊神位。

民国十四年岁次乙丑又四月初十日吉立

涌泉镇郭焕光自看流谱

坟内日后土色辨换白红黄座底金砂代石，有虫窝、有活物，不可移动，万无不应也。

这一份地契内容表明，新选定坟墓的地理环境符合风水之说，选定新址后能够实现“添丁进财贵扶身”“添人口财源茂盛”“石头焕成金银”“三世人连步高升”等一系列美好愿景。

二、古代中国人如何选择坟墓风水

坟墓的修筑必然要占用一定面积的土地。史前时代的墓地选址多比较随意，从目前掌握的资料来看，史前时期人们在埋葬死者之后是否建立墓上建筑还不清楚。但随着人们对坟墓的愈加重视，尤其是进入奴隶社会以后，人们普遍相信现世的繁华富贵与已去世的祖先是密切相关的，因而选择祖先的安葬之地便要进行精心的选址与设计，且坟墓的选址之地、设计的精细情况与修筑的繁荣程度是与人们的阶级、拥有的财富等情况直接相关的，往往那些社会地位越高、拥有财富越多的人会修筑更加豪华的坟墓。选择修筑坟墓之地的地理位置及空间环境同样十分重要。中国的坟墓选址及风水之说历史悠久。在春秋战国以前，大多数情况下是直接将已逝者埋入土坑，在地表面不留下埋葬的痕迹。到了春秋战国以后，带有土丘形式的坟墓才开始大量出现，与之相关的坟墓堪舆及风水之说也随之出现。到了秦汉时期，认为坟墓与子孙后代命运存在密切联系的风水之说更加兴盛，这也影响到古代中国的坟墓及丧葬文化的形成与发展。如清华大学图书馆收录的M0344号地契（图3）：

此茔是亥卯阳木局，脉从甲卯方来，立的艮山坤向，为借库消水自生向，后山敦厚，前案精彩，龙虎二砂，朝抱有情，地基端正，不偏不倚。右水倒左，先收壬子帝旺水，次收乾亥临官水，辛戌冠带水，庚酉天禄贵人水，向前长生水，同归丁未方去。葬后丁财两旺，富寿双全，房房皆发。

中华民国八年九月，徐宅立茔文，穴深木尺三尺九寸

此茔葬法系文工大昭穆怀子抱孙。

此向系辛未辛丑分金。

可以发现，此地契内容中坟墓选址的风水能够庇佑在世人实现“丁财两旺”“富寿双全”“房房皆发”等美好愿望，这些目标也是坟墓选址的基本要求。

在风水之说中，祖先与后代之间的关系是互惠的，而不是主导与服从的关系，这也影响到坟墓选址的风水之说。代艾针在《坟墓、

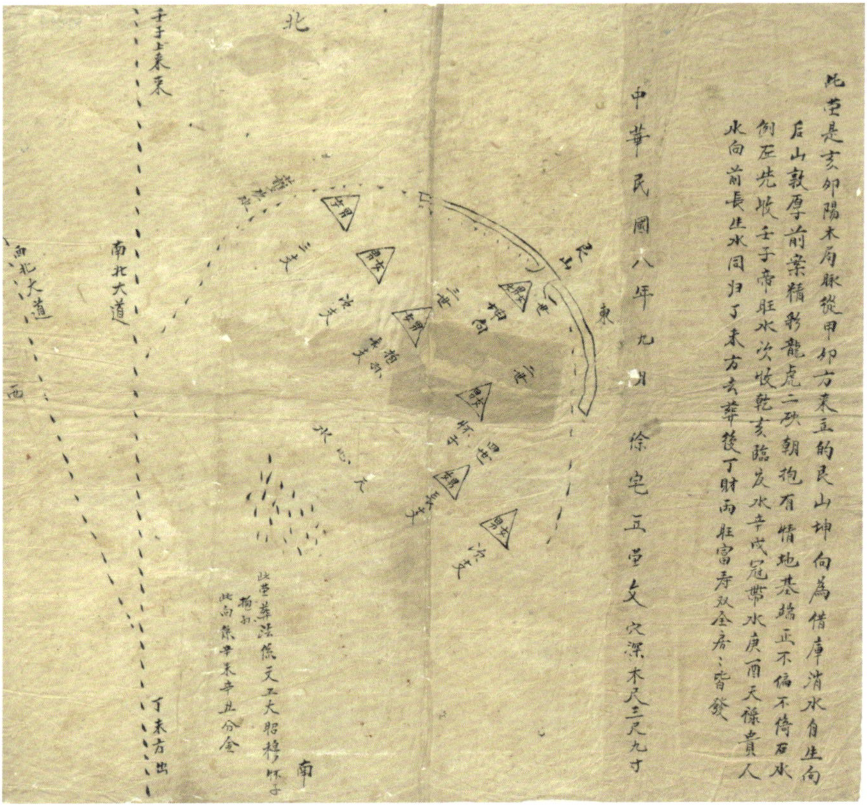

图 3 M0344 号地契

家与村寨——贵州兴仁布依族谢坟仪式中体现的空间观念》一文中也指出：“坟墓风水是将时间、空间（山水）与人进行结合的空间呈现。风水中不仅讲究天时、地利，还讲究人（亡者）和。天时指宇宙运行的规律，包含星辰值守；地利指自然的运行规律，包括山川与水流之势；人和强调人的生辰八字与五行配之相生。人们对坟墓风水的追求就是对坟墓空间进行的一种建构。”[4] 因此，在世者极为重视为已逝者选择良好的土地作为修筑坟墓之所，“风水说”也被广泛运用到古人的坟地选址与环境营造之中。如清华大学图书馆收录的 M0349 号地契（图 4）：

祖癸丑命相配

癸酉年甲子月丁巳日点穴，乙丑日安葬，殡又取此，主生人，上吉。天寒日短，不可择时。祖穴深四尺八寸，以下行穴，墓至一丈五尺为至，不可改也。以下宽神路一丈二尺穴，至穴为吉也，至上以下，男东女西，兄东弟西，正葬。

按以奇法，巽山乾向，外盘分经，庚辰庚戌，针正子午，定平在取来龙收水，朝堂巽巳水入守长生之地，艮字取龙，旺生后世，人才两旺，文水朝堂，主出富贵，文星化命，配合山向，宫星相合，又取吊用，年月日时，以长男生命，与山向生相合局，三合金局，德水长生在冬，水又生木，孙男本命，纳音述木，木德长生，后世生生不殿，世人富贵长久。

永无冲破，金鱼照高罡。

此地乾山罡，巽巳水来长，艮寅旺水，大吉利富贵云华，保安康。

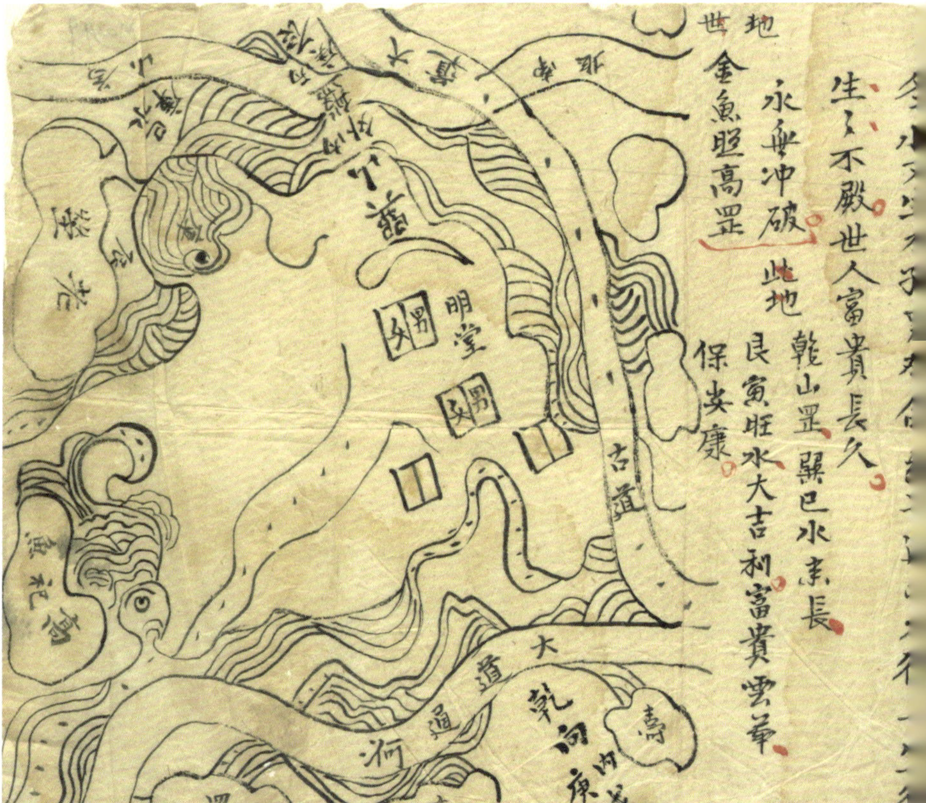

图 4　M0349 号地契

祖癸丑命相配

癸酉年甲子月丁巳日点穴乙丑日安葬亥人又取此主

生人上吉 天寒日短不可择时

祖穴深四尺八寸以下行穴墓至一丈五尺為至不可改也

以下寬神路一丈二尺穴至穴為吉也 至上以下

男东女西兄东弟西正葬

按以斋法巽山乾向外盤分經庚辰庚戌針正子午

定平在取来龍汲水朝堂巽巳水入守長生之地

艮字取龍旺生後世人才兩旺文水朝堂主出文星富貴

仕命配合山向宫星相合又取吊用年月日时以長

由上述地契可以发现，坟墓选址时符合相关风水之说便能够使后人得到相应的庇佑，不同的风水之说标准也预示着相应的愿望与期待，因而人们在选择坟墓地址时也会根据相应的需求，平衡利弊之后再选定具体坟墓遗址。

生老病死并不随着人们的意愿而发生，当有亲人因意外突然离世时，难以迅速寻找到符合风水的坟墓之地，因而古代中国民间广泛形成了预留土地作为坟地的习惯，即在一块风水条件较好的土地上划留出一片区域作为家族成员去世后的葬身之所，这一区域往往可以供家族内几代人死后埋葬，并成为家族祭祀之地。如清华大学图书馆收录的 M0345 号地契（图 5）：

高府东君新卜祖茔吉地开列于后

坐平洋地，穴前水要眠，穴后水要反弓，如坐眠弓，为裹头，不吉，坐反弓，为穴后低，个个儿孙会读书，穴前之左右，众水皆归一处，后边渐低，前边渐高，穴上更高，即是大地发福最久也。脚登来龙，头枕去水，平洋真穴何处逢，坐空朝满倒骑龙，能将生旺拨归库，万代子孙俱兴隆。乙丙交而趋戍，火局，立癸向，右水倒左，先收右后肩丙午帝旺水，收巽巳临官水、乙辰冠带水、甲卯贵人水、艮寅长生水，并本位养水，同归乾亥，绝位而出，为正养向。水过堂，主富贵荣昌。

开穴金井：

第一穴八尺五寸，第二穴八尺五寸，第三穴同上，见红黄土为穴，不必过穴，若要过穴，发福不准；

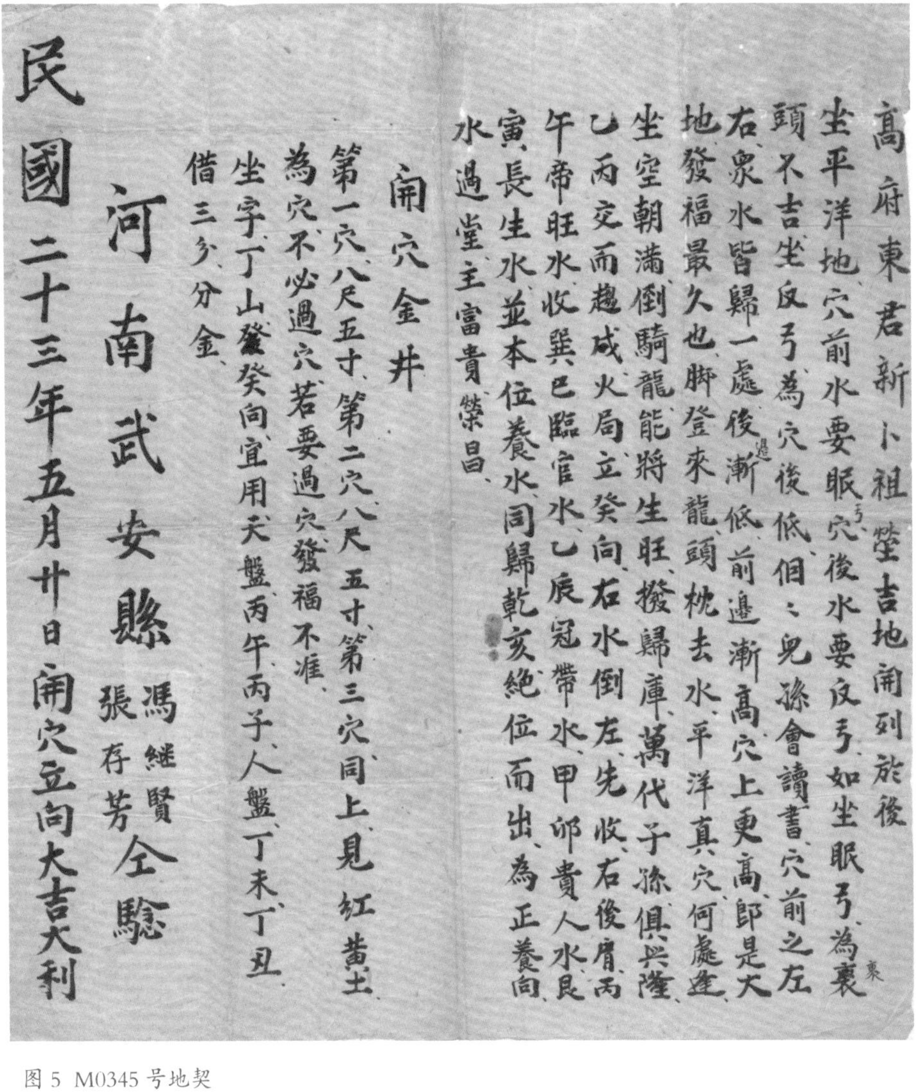

高府東君新卜祖塋吉地開列於後

坐平洋地、穴前水要眠弓、穴後水要艮弓、如坐眠弓、為裹頭不吉、坐艮弓、為穴後低、佃之兒孫會讀書、穴前之左右、衆水皆歸一處、後漸低、前邉漸高、穴上更高、郎是大地發福最久也、脚登來龍、頭枕去水、平洋真穴何處逢、坐空朝滿、倒騎龍、能將生旺、撥歸庫、萬代子孫俱興隆、乙丙交而趨戌、火局立癸向、右水倒左、先收右後胄丙午帝旺水、收巽巳臨官水、乙辰冠帶水、甲卯貴人水、艮寅長生水、並本位養水、同歸乾亥絶位而出、為正養向、水過堂、主富貴榮昌、

開穴金井

第一穴、八尺五寸、第二穴、八尺五寸、第三穴、同上、見紅黃土、為穴不必過穴、若要過穴、發福不准、

坐字、丁山、癸向、宜用天盤、丙午丙子、人盤、丁未丁丑、借三分、分金、

河南武安縣 馮継賢 張存芳 仝驗

民國二十三年五月廿日開穴立向大吉大利

图 5 M0345 号地契

坐字丁山发癸向宜用天盘，丙午、丙子人盘，丁未、丁丑借三分分金。

河南武安县：冯继贤　张存芳　同验

民国二十三年五月廿日开穴立向大吉大利

由上述地契可以发现，此时可能家族中并未有人去世，但在世者为了后代子孙兴隆而精心选择墓地地址，并选择良辰吉日开穴立墓。

三、坟墓的经营与管理

坟墓及与坟墓周边的相关附属物构成的坟地要占据一定面积的土地，除埋葬与日常祭祀，坟地的经营与管理也成为已逝者亲属们的一项重要工作。在古代，人们普遍相信已去世的祖先“灵魂不灭”且能够庇佑后人，而一旦对逝者不够重视或行为不当则会引起已逝者对在世者的报复，从而影响在世者与子孙后代的生活，由此导致在世者更加重视对坟地的经营与管理。这种管理既有来自官方的，也有来自民间的。一般来说，官方对坟地的经营与管理多是通过制定明确的法律条文进行约束，同时也据此法律条文对破坏坟地的行为进行处罚；民间则多是经营与管理本家或本族的坟地，保证其不受外界破坏，可以正常举行祭祀等活动，同时也进行修缮以维持坟地的长期存在与使用，由此足见中国古代对坟墓的高度重视。当出现分家行为时，若有父母亲或长辈在世，兄弟多人分家时也会预留下一定财产作为长辈去世后的丧葬之用。如清华大学图书馆收录的M0348号地契（图6）：

分单

立分关人徐正兴、徐正本，为遵母命，以家务烦剧，恐难料理，是以邀到亲族，当众言明情愿。二人析居各理所有房产、地土、器皿等件，品搭均分，随时关白。所有庙领地八亩、房后响洋树二棵，归于母亲养老送终已定，自此永远不许返悔，恐口无凭，

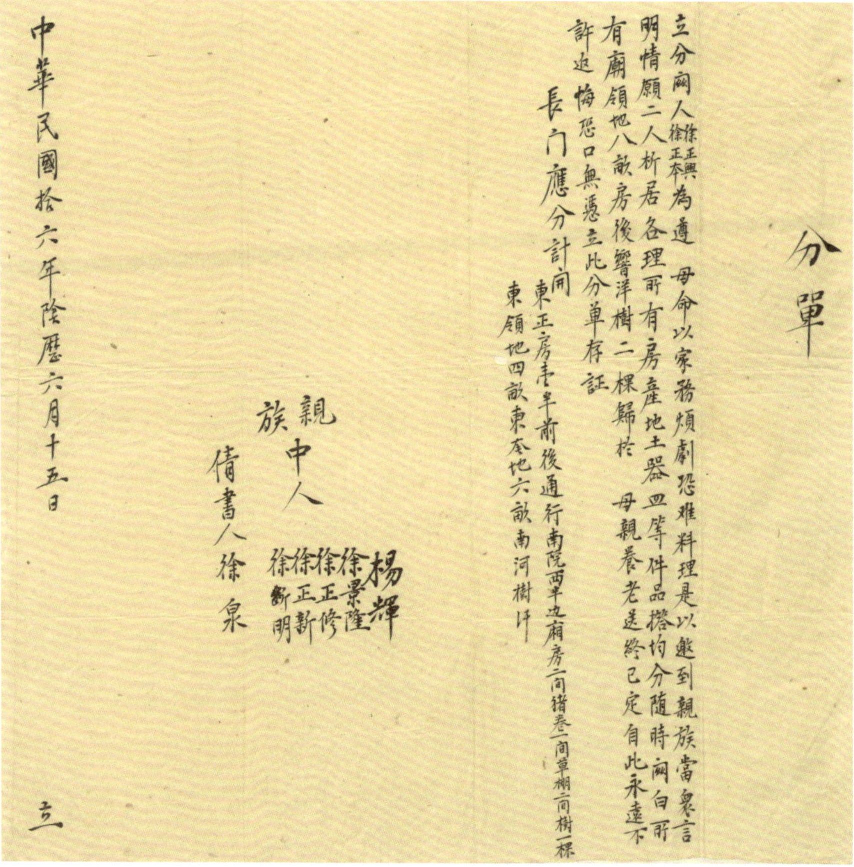
分單

立分關人徐正興徐正本為遵 母命以家務煩劇恐難料理是以邀到親族當衆言
明情願二人析居各理所有房產地土器皿等件品搭均分隨時關白所
有廟領地八畝房後響洋樹二棵歸於 母親養老送終已定自此永遠不
許返悔恐口無憑立此分單存証
長門應分計開
東正房壹半前後通行南院西半邊廂房一間豬圈一間草棚一間樹一棵
東領地四畝東套地六畝南河樹仟

親族中人 楊輝 徐景隆 徐正修 徐正新 徐鮮明
倩書人徐泉

中華民國拾六年陰歷六月十五日
立

图6 M0348号地契

立此分单存证。

长门应分计开：

东正房壹半，前后通行，南院西半边厢房二间，猪卷一间，草棚二间，树一棵，东领地四亩，东套地六亩，南河树汗（暂识为“汗”。——撰者注）。

亲族中人：杨辉　徐景隆　徐正修　徐正新　徐断明

倩书人：徐泉

中华民国十六年阴历六月十五日

由上述地契可以发现，徐正兴、徐正本兄弟二人在母亲在世的情况下便选择了分家，从其分家时所列财产清单来看，他们并非富裕家庭，但仍旧预留所有庙领地八亩、房后响洋树二棵作为母亲养老送终之用，这也体现出在世者对长辈及其后事的重视。养老送终的最后一步是将逝者进行风光安葬，在选择墓地地址及埋葬时也会重视风水之说。

就官方对坟地的经营与管理而言，古代各封建王朝统治者多是出于维护礼教秩序的目的，这与儒家的孝道思想直接相关。由于秦汉时期统治者对孝道的高度重视，儒家孝道思想的代表作《孝经》逐渐成为统治者治国的重要指导思想。因而自秦汉以来，官方对于坟地的重视程度也越来越高，并通过颁布律法配合民间道德约束对坟墓进行护卫，如法律规定坟地不得随意买卖或转移，而法律与道德同样对私自破坏他人坟地之行为进行严苛的处罚。如中国历史上最后一个封建王朝清朝，其统治者虽然是起源于中国边疆地区的少数民族满族，但是同样也对坟地的破坏性行为的处罚做出了明文规定，如对于毁坏坟地及尸体等行为的惩处极为严苛，动辄处以流放、鞭笞或是死刑等，即便是已逝者的后代出卖或者损坏坟墓同样也要受到惩罚。这些都体现出国家层面对于孝道及与之相关的礼俗的重视。

就民间对坟地的经营与管理而言，要提到古代民间对坟地经营与管理的两个基本内容：一是对已逝者的祭祀活动；二是在世者守护已逝者的坟墓不被破坏。

就祭祀活动来说，祭祀已去世的祖先是一个家庭及家族内部团结并形成向心力的重要渠道，同时家族成员也因共同的祖先祭祀联系了更多具有血缘关系的人群。对中国人而言，祖先祭祀在传统文化及日常生活中都是十分重要的行为，正如美国学者克里斯蒂安·乔基姆在《中国的宗教精神》一书中所说的那样：“祭祀祖先都是其生活的一个组成部分，不管他们信奉哪种形式的宗教，也不管他们抱着什么样的鬼神信仰。”[5] 在举行丧葬及祭祀活动时，与逝者有血缘关系人群扮演的角色与起到的作用也不尽相同，这体现出家庭与家族在其中的影响，即血缘上的亲疏远近关系决定着与去世者之间的关系，并直接体现为举行丧葬及祭祀活动时扮演的角色不同。费孝通在《乡土中国》一书中也指出，孝是“乡土社会的特性”，并将孝总结为“心安”两个字，也即“做子女的得在日常接触中去摸熟父母的性格，然后去承他们的欢，做到自己的心安”。[6] 通过风水之说的选址、精心的设计与营造，坟墓成为沟通已逝者与在世者之间的重要渠道，因而坟墓的选定既体现出风水之说，同时也根据五行八卦、数字及月份等不同寓意形成了一套禁忌理论。如清华大学图书馆收录的M0121号地契（图7）：

佳城

白翁贵府新迁柳树地佳地一切，细节开列于后。

盘癸山乾向人丁大旺加丁財之兆焉
以西步行穴者矣
一山向外盘癸山乾向 坐軫宿向壁宿 丙辰丙戌分金
民國十四年三月 日
承立新地擇地人劉孟仁 穀旦
以吾愚觀此地往東行几步立巳山亥向辛字消水即是足
天干來天上去亦合陰龍陰向陰水作吉此是陰陽龍水向
混雜地字消水甚有門不吉之兆焉
書韓文慶造
民國三十年 季夏月 十二日

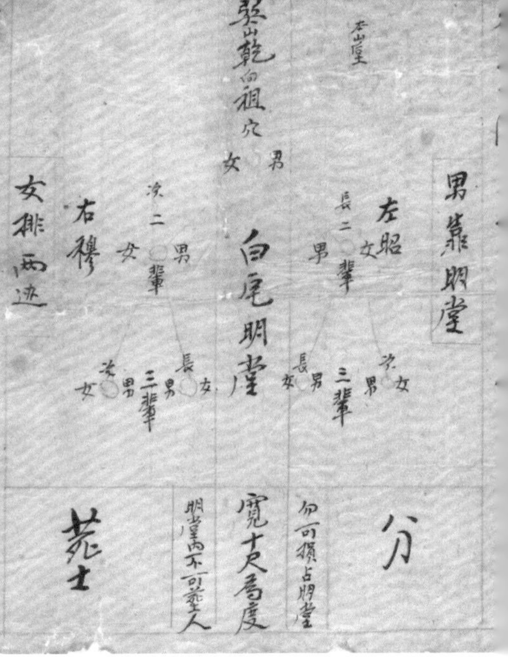

一井穴深淺以木工尺一丈零五寸為度 穴土多乞黃金土為度

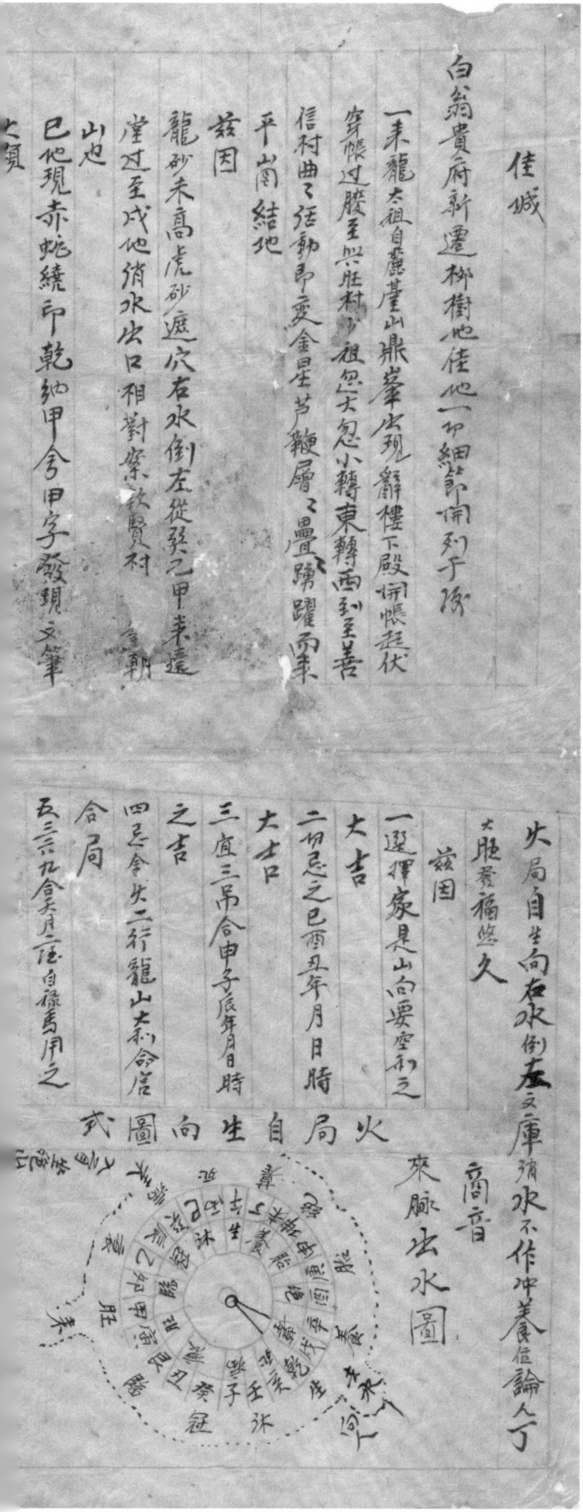
佳城

白翁貴府新遷柳樹地佳地一切細節開列于後

一來龍太祖自鹿臺山鼎峯出現辭樓下殿開帳起伏

穿帳过腰至與旺村少祖忽大忽小轉東轉西到至善

信村曲曲活動即变金星节节鞭層層疊疊踴躍而來

平崗結地

茲因

龍砂來高虎砂遮穴右水倒左從癸乙甲來遠

堂过至戌地消水出口相對案欽賢村　朝

山也

巳地現赤蛇繞印乾納甲含甲字發現文筆

大貴

火局自生向右水倒左文庫消水不作冲養位論人丁

大旺發福悠久

茲因

一選擇家是山向要空利之

大吉

二切忌之巳酉丑年月日時

大吉

三宜三吊合申子辰年月日時

之吉

四忌金火二行龍山大利合居

合局

五三六九合天月二德自祿馬用之

图 7 M0121 号地契

一来龙太祖，自麓台山鼎峰出现，辞楼下殿，开帐起伏，穿帐过峡（若以常见搭配而言，则当为“峡”。——撰者注），至兴旺村。少祖忽大忽小，转东转西，到至善信村，曲曲活动，即变金星、芦鞭，层层叠叠，踊跃而来，平岗结地。

兹因：

龙砂未高，虎砂遮穴，右水倒左，从巽乙甲来远堂，过至戌地，消水出口相对，案钦贤村□□□朝山也。

巳地现赤蛇绕印，乾纳甲舍，甲字发现，文笔大显。

此局火局，戌方消水，阳向阳去，水相大势，宜立外盘，巽山乾向，人丁大旺，乃丁财之兆焉，以两步行穴者矣。

一山向外盘，巽山乾向，坐轸宿向壁宿，丙辰、丙戌分金。

承立新地，阅地人刘孟仁

民国十四年三月　日谷旦

以吾愚观，此地往东行几步，立巳山亥向，辛字消水，即是天干来，天上去。亦合阴龙阴向，阴水作吉，此是阴阳龙，水向混杂，地字消水，恐有所不吉之兆焉。

书韩文庆造

民国三十年季夏月十二日

火局自生向，右水倒左，文库消水，不作冲养位论，人丁大旺，发福悠久。

兹因：

一选择家是山向要空，利之大吉；

二切忌之己酉丑年月日时大吉；

三宜三吊合申子辰年月日时之吉；

四忌金火二行龙山大利命宫合局；

五三六九合天月二德；

自禄马用之大吉。

由上述地契内容可以发现，选址除看重风水，也要结合一些禁忌，这些禁忌需要考虑到五行八卦、逝者生卒年月等特殊情况。

就坟墓的守卫而言，主要作用是保卫坟墓不受破坏。坟墓包含地上与地下两个空间，地上的空间是通过在世者的行为获得的能够建造坟墓的土地，而地下的空间则是安葬逝者的空间。对于在世者，守卫安葬逝者的坟墓并进行新的营造不仅是必须之事，更是其孝道的体现。

四、民间文书中的墓地地契

契约是明确买卖双方责任及义务的最为直接的凭证，也是解决相关问题、减少纠纷的有效手段。契约虽是民间约定，但在古代中国同样具有一定的法律意义。自二十世纪以来，在中国各地发现了大量散落在民间的契约。这些契约种类繁杂，尤以清代及民国时期的土地契约数量、种类最为丰富，其中有一部分地契便是与坟墓继承或交易相关的。与坟墓相关的契约在中国出现较早，如鲁西奇在《汉代买地券的实质、渊源与意义》一文中指出[7]，自东汉以来，随着土地买卖的盛行，人们在买卖土地时以书写契约为依据，证明交易是永久性的。巫术在汉代丧葬中的应用也将地契这一风俗应用到购置坟地之中，虽然自汉代就已出现丧葬相关的契约，但是目前掌握的有关坟墓的契约以清代及民国时期的最为丰富。如清华大学图书馆收录的 M0343 号地契（图 8）：

杨攀桂坟志

此龙从虎头山起，主一路起伏，过峡而来，脉至于道头村

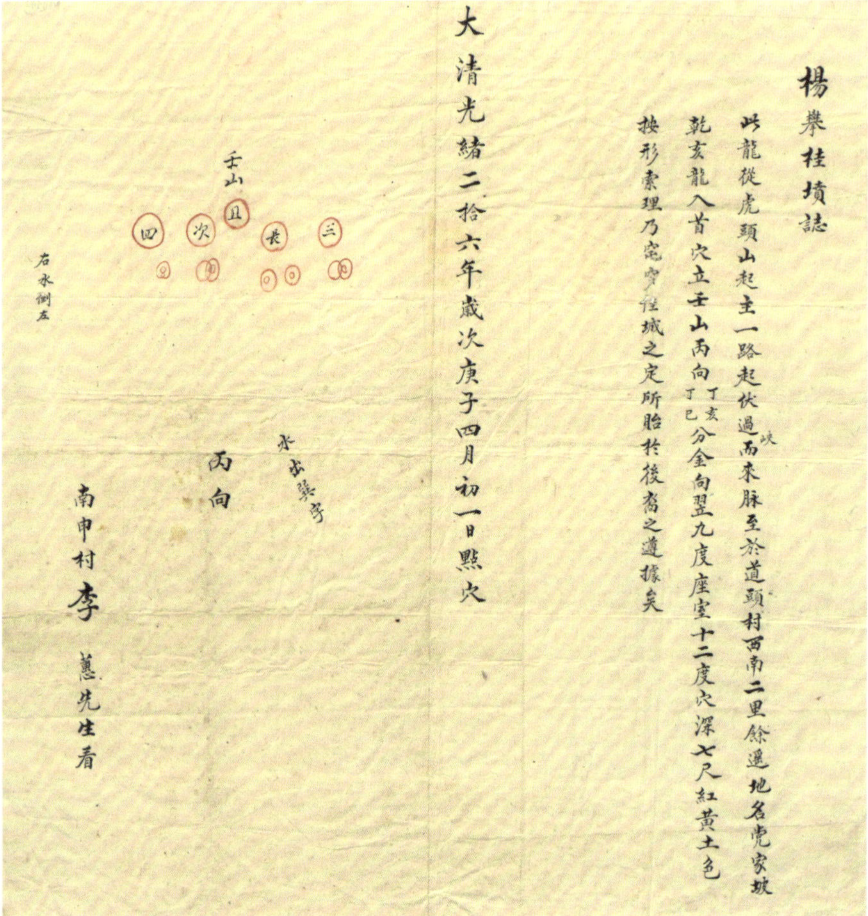
楊攀桂墳誌

此龍從虎頭山起主一路起伏過峽而來脉至於道頭村西南二里餘還地名虎家坡

乾亥龍入首穴立壬山丙向丁亥丁巳分金向翌九度座室十二度穴深七尺紅黃土色

按形索理乃富穸佳城之定所貽於後裔之遺據矣

大清光緒二拾六年歲次庚子四月初一日點穴

壬山

四 次 長 三

右水側左

丙向

南申村李蕙先生看

图 8 M0343 号地契

西南二里余，遥地名党家坡，乾亥龙入首，穴立壬山丙向丁亥、丁巳分金向，翌九度座室十二度，穴深七尺，红黄土色，按形索理乃窀穸佳城之定所，贻于后裔之遵据矣。

大清光绪二拾六年岁次庚子四月初一日点穴

这份地契详细地记述了一位叫杨攀桂的人的坟墓埋葬位置及基本情况，一旦有外人破坏或是影响到本处墓地，这份地契便是解决纠纷的有效凭证。

用于建造坟墓的土地的获取方式中，最直接、最容易的方式应是通过继承获得。坟墓作为家产，继承人可以通过分家或者继承的方式取得。一般而言，当父母或是长辈去世之后，一个家庭中的后辈男子们往往根据“诸子均分”的原则，将所属坟墓在所有有资格的继承人中间进行分割，在此情况下，墓地与其他类型的家产分割没有什么不同，当然也有一些家庭或是家族性质的墓地为在世子孙共同使用的情况。当现有墓地已经没有空余土地修建新的墓穴时，或是因其他原因（如根据传统习俗，非正常死亡者不能进入祖坟，或在新迁居地开辟坟墓等）需要另辟新墓地时，人们可以通过买卖获得修建坟墓的土地。美国学者韩森在《传统中国日常生活中的协商——中古契约研究》一书中[8]，对用于建造坟墓的土地买卖进行过研究。他指出，购置契约的钱数被看成是吉数，“三”是阳数，可以使世界充满阳刚之气和光明；“九”作为“三”的三倍数，被认为可以抵消阴间的黑暗。且坟地交易过程中，买者要受“坟许合葬”“上坟祭扫”等习惯的约束，这些约束条件在买卖坟地的地契中也有体现。

根据《民事习惯调查报告录》的记载[9]，在购买坟地时，“卖主索价甚昂，视卜葬之家资定地价之高下”。当在世者没有能力为已逝者建造坟墓或缺少建造坟墓的土地时，也出现了“借用”等形式的坟地使用习惯。民国时期南京国民政府司法行政部编的《民事习惯调查报告录》对民国时期部分地区的丧葬习俗做了调查。该书指出，因贫而致无地埋葬已逝者的情况在古代民间大量存在，这就形成了“借用”或“讨要”坟地的习惯。在陕西镇巴县有“贫乏之人无力购买坟地，则须向有余地之人讨地葬坟”之俗。在陕西商南县亦有“讨土葬坟”之俗，“民间贫乏之人，寸土皆无，设遇家族死亡，即须央人到地主（指佃户对地主言。——撰者注）或亲朋处讨坟埋葬”。但在地广人稀的地区，人们建冢就不必像人口密集地区那样“俭约”了。如“土地远廓，民户星稀”的奉天省（即今辽宁省），“中等之家占一茔地，率用两天数亩，一二亩不等”。以下转述几份郝平搜集整理的清代山西地区坟地买卖的地契[10]：

乾隆十五年（1750）夏县杨梅卖地契：

立卖地文约人杨梅，因为粮差急紧，别无辗转，今将自己墓子坡地五坪，南北亩三坪，东西亩二坪，随带广粮四升，其地东至郭明儿，西至郭审儿，南至道，北至沟，四至分明，土木相连，尽在卖数，今立契出卖与本里五甲郭凤现，永远死根为业。同中人言定，地价纹银二十两整。立契日交足无欠。如地但有争端，梅一面承当。恐后无凭，立卖地文约存炤（照）。

乾隆十五年二月初三日立卖地文约人杨梅

计开：

割事、树价、画字、断契，共银六两整。批炤（照）。

内有墓冢一个，如有树木，不与卖主相干。

如有坐坡天，雨水坏墓冢，不与买主相干。

见人：王存振 杨梓 杨椒 郭凤舞 郭文几

乾隆三十年（1765）太平县梁嘉绩卖地契：

立卖地契人梁嘉绩，因为使用不便，今将城南自己平地一段，东西亩，计数二亩二厘一丝二忽，南至梁慎几，东至尉攻，北至梁伟，西至大道，四至开明，今出契卖与本族梁慎几永远为业。同中言定，共卖价丝银四十四两四钱四分，当日交齐无欠。自有城工画字合事、水利夹口，尽在卖数之内。地上粮差，随契过割。恐口无凭，故立卖契永远存照。

外有梁嘉绩坟地一茔，计数八厘七毫五丝，四角有灰。同中言明，异日不得栽树株。

乾隆三十年又二月二十七日立卖地契人梁嘉绩

房亲：梁栋仁

同中人：尉世荣 梁可庆 李俊发

代书人：李尚质

乾隆三十四年（1769）太平县梁赵氏同子卖地契：

立卖地契人梁赵氏并男嘉训、嘉盛、嘉荣，因为粮差不便，今将自己城南平地一亩二分九厘二毫六丝，东一段，南、北俱至梁世裕，西至小汧并梁新奇等官祖坟，东至李定周并梁嘉益祖坟，计地一亩一分六厘三毫九丝五忽。西一段，过路水汧，北至梁嘉益并官祖坟，南至梁世裕，西至大道，东至业，东西活（阔）俱六尺，系汝诚与世裕两家官出入大车小辆，彼此俱不得阻当。世裕尽北一半，诚尽南一半，计地一分二厘八毫六丝五忽。两段四至明白，出契卖于族伯汝诚名下永远为业。同中面受卖价纹银二十五两八钱五分，当日交足。有夹口水分并城工画字合事，尽在数内。地上粮差，随契过割。恐口无凭，故立契永远存照。

乾隆三十四年二月十八日立卖契人梁赵氏并男嘉训、嘉盛、嘉荣、新奇、嘉益、嘉训等上坟拜扫，不得阻当。

亲族：梁彭 梁嘉益

中人：尉来兴 李定周 梁辉堂

契尾

计开：

业户梁汝诚买梁赵氏田地二亩五分，价银二十五两九钱，税银七钱七分七厘

布字二百十七号右给业户梁汝诚准此

乾隆五十六年 太平县

乾隆四十九年（1784）太平县李定周卖地契：

立卖地契人李定周，因为使用不便，今将自己城南平地一段，东西亩，计地三亩一厘八丝，东至大道，北至梁汝诚，西至梁嘉益坟茔、梁汝诚，南至梁愁愁梁坟、李畏儿，四至分明，今出契卖与本甲梁汝诚名下，永远为业。同中言明，每亩价元丝银一十五两三钱，当日交足无欠。地上粮差，随契过割。

内有城工、画字、合事、树株，尽在卖数之内。共受元丝价银四十六两零六分五厘二毫四丝。恐口难凭，故立卖契永远存照。

有梁嘉益拜坟上墓过往灵辆，汝诚不得阻当。异日嘉益坟内亦不得栽植树株。

乾隆四十九年七月二十八日立卖地契人李定周

大段东西长八十干零六寸，东阔九干，西阔八干一尺五寸

西头小段东西长九干，西阔三干，东阔同

房亲人：李因周　李辅周

同中人：李景贤　梁汝绅　李义成

北李第二十七号

契尾

计开：

业户梁汝诚买李定周地三亩，价银四十六两一钱，税银一两三钱八分三厘

布字一百三十八号右给业户梁汝诚准此

乾隆四十九年　太平县

古代有关坟墓土地的交易类型多种多样，其中有的一些规定，如允许卖地人“上坟拜扫”等也体现出在世人无论是因为何种缘由将坟地转卖他人，同样也有祭祀祖先的需求。这也是中国传统孝道文化的体现。

此外，在分家时有时也会预留一部分资产作为整个家族的公有资产，这些资产往往被规划为上坟祭祖或经营墓地之用。如清华大学图书馆收录的 M0120 号地契（图 9 ）：

俾銀贰伯零伍两又分得典張姓叔姪田贰份俾銀廿、壹伯、八十六两又應分生意上貲本彩息銀叁份之壹

一紹先之子廷桂廷植分得典周姓南街棧房典俾銀壹千贰伯陸拾陸两六、錢又分得新蓋東街房屋叁份之壹又分得典謝姓黄泥塅之田壹半典俾銀四伯两又提得廷植完娶之銀贰伯两備立刘媍名下每年只息又應分生意上貲本彩息銀叁份之壹

一紹文之子廷芳分得典周姓南街棧房典俾銀壹千贰伯陸拾陸两六、錢又分得新蓋东街房屋叁份之壹又分得典謝姓黄泥塅之田壹半典俾銀四伯两又應分生意上貲本彩息銀叁份之壹又日後算賬應提与長孫面份銀壹點或多或少後議

所立遺囑分單各須遵循勿違

光绪三十三年拾月贰拾捌日

憑紳 張厚山 張慧卿 周和軒 押 曾俊卿 孫韻谷 孔會廷

親友 張識齋 曾小源 許价 十 周申忠

立遺囑分單陈曾氏 十

子紹先

孫廷芳 廷桂 廷植 押

族人 玉章 十

代字趙润之親筆

立遺囑分單祖母陳曾氏緣氏所生三子長紹文早故以子廷芳次紹先亦不壽以子二廷桂三紹堯自先夫棄
世後氏備嘗辛苦教養兼施幸蒙 天地祖先默佑子孫克家立業今樹大枝分氏難强其常合爰
請親友當同酌議立下遺囑將房屋田產按股均分其生意上以本銀多少目下未能算實仍命一子兩孫照
舊同許姓做着日後算明實存共有若干提銀壹千兩以作氏養老送終之費下餘作叁股均分生意長折亦作叁股均
分均拈鬮時將新盖东街樓房壹所典得南街周姓棧房壹所及典得朴田叁坵按照價銀分開以免日後叔
姪異以爭競所以各人應分得之數開列於後尔叔姪永遵遺囑分單各管各業惟生意托以三子紹堯掌管
須要公平正直小心謹慎不得狗私兩孫不得異以阻撓爭論倘以不遵斯以是為悖逆不孝請憑親族理論
恐口無憑立此遺囑分單各執壹張為據

計開

新盖东街樓房壹所作價銀伍千壹佰兩作叁股均分日後若人多不能住以願賃者作壹千七百兩壹股照價賃讓
典得北街祁宗祠鋪面壹間價銀貳佰八十兩典得南门内吴姓房屋價銀壹佰五十兩此二份提作春秋上墳家堂香火之費

图 9
M0120 号地契

立遗嘱分单祖母陈曾氏，缘氏所生三子，长绍文早故，有子廷芳；次绍先亦不寿，有子二，廷柱、廷棰；三绍尧，自先夫弃世后，氏备尝辛苦，教养兼施，幸蒙天地祖先默佑，子能克家立业，今树大枝分，氏难强其常合，爰请亲友当同酌议，立下遗嘱，将房屋田产，按股均分，其生意上有本文银多少，目下未能算实，仍命一子两孙照旧同许姓做着，日后算明实本共有若干，提文银壹千两，以作氏眷贰送终之费，下余作叁股均分，生意长折亦作叁股均分均抬，现时将新盖东街楼房壹所、典得南街周姓栈房壹所及典得朴田叁份，按照文银价分开，以免日后叔侄异言争竞，所有各人应分得之数开列于后，尔叔侄永遵遗嘱分单，各管各业，惟生意托与三子绍尧掌管，须要公平正直，小心谨慎，不得徇私，两孙不得异言阻挠争论，倘有不遵斯言，是为忤逆不孝，请凭亲族理论，恐口无凭，立此遗嘱分单，各执壹张为据。

计开：

新盖东街楼房壹所，作价文银伍千壹佰两，作叁股均分，日后若人多不够住，有愿并者，作壹千七百两壹股，照价并让，典得北街祁宗祠铺面壹间，价文银贰佰八十两；典得南门内吴姓房屋价文银壹佰五十两，此二份提作春秋上坟、家堂香火之费。借与刘焕之文银叁佰两，提作氏零用壹佰两，提与廷棰完娶之用二百两，其应得每年之息亦归所用。

一绍尧面下应分得典南界周姓栈房，典价文银壹千贰百陆拾陆两六钱，又分得新盖东街房屋叁份之壹，又分得典周姓之田壹份，价文银贰佰零伍两，又分得典张姓叔侄田贰份，价文银共壹佰八十六两，又应分生意上资本彩息文银叁份之壹。

一绍先之子廷柱廷榿分得典周姓南街栈房典价文银壹千贰佰陆拾陆两六钱，又分得新盖东街房屋叁份之壹，又分得典阚姓黄泥埂之田壹半，典价文银肆百两，又提得廷榿完娶之文银贰百两，借在刘焕名下，每年有息，又应分生意上资本，彩息文银叁份之壹。

一绍文之子廷芳分得典周姓南街栈房典价文银壹千贰佰陆拾陆两六钱，又分得新盖东街房屋叁份之壹，又分得典阚姓黄泥埂之田壹半，典价文银肆佰两，又应分生意上资本，彩息文银叁份之壹，又日后算账应提与长孙，面份文银壹点，或多或少，后议所立遗嘱分单，各须遵循勿违。

光绪三十三年拾月贰拾捌日

凭绅：张厚山　张慧卿　周和轩　曾俊卿　孙韵谷　孔会廷

亲友：张诚齐　曾小源　许价　周申忠

立遗嘱分单陈曾氏统：子绍尧　孙廷芳　廷柱　廷榿

族人：丕章

代字：赵润之亲笔

地契中提及分家时的“春秋上坟、家堂香火之费”体现的便是家族在分家时对于坟墓及祖先祭祀的重视。

资料来源

[1]［德］恩格斯：《路德维希·费尔巴哈和德国古典哲学的终结》（1886年初），《马克思恩格斯文集》第4卷，人民出版社，2009年，第277页。

[2]宋兆麟：《云南永宁纳西族的葬俗——兼谈对仰韶文化葬俗的看法》，《考古》1964年第4期，第200—204页。

[3]［英］布罗尼斯拉夫·马林诺夫斯基著，李安宅译：《巫术科学宗教与神话》，上海社会科学院出版社，2016年，第43—44页。

[4]代艾针：《坟墓、家与村寨——贵州兴仁布依族谢坟仪式中体现的空间观念》，云南大学2019年硕士论文，第33页。

[5]［美］克里斯蒂安·乔基姆著，王平等译：《中国的宗教精神》，中国华侨出版社，1991年，第22页。

[6]费孝通：《乡土中国》，生活·读书·新知三联书店，1985年，第6页。

[7]鲁西奇：《汉代买地券的实质、渊源与意义》，《中国史研究》2006年第1期，第47—68页。

[8]［美］韩森著，鲁西奇译：《传统中国日常生活中的协商——中古契约研究》，江苏人民出版社，2009年。

[9]前南京国民政府司法行政部编，胡旭晟等点校：《民事习惯调查报告录》，中国政法大学出版社，2000年。

[10]赫平：《清乾嘉时期山西土地交易契约选录》，收入行龙主编：《社会史研究》第7辑，社会科学文献出版社，2019年。

分家书中的山西乡村家庭

分家书是民间契约文书的重要组成部分之一，也常被称作“分书”“分单”“分家契”等。人们在分家过程中，经常涉及家庭财产的分割和继承，分家书便是家庭财产分配的重要凭据。分家书是私人间订立的契约，但不像土地买卖契约，分家书上并没有官印图章，无须官府的法律认定。尽管如此，分家书往往在同宗亲族的见证下签订，“恐口无凭，立分书永远存证”，嗣后亲戚间若有财务争端，必须依照分家书的记录裁定，“永无异说”。若有违反分家书规定者，会遭到惩罚，甚至有“倘有反悔之情，当官不事理”一类的说明，可见分家书在乡村社会中具有一定的约束力。

一般而言，分家书的内容包括三部分：第一部分基本交代分家原因，说明家庭基本状况和参与财产分配的家庭成员；第二部分是分家书持有者所继承的具体财产内容，因此分家书是一式多份，参与财产分配的家庭成员均保留记载本人所得财产的那份分家书；第三部分则是中人署名，中人即订立分家书时的见证者，他们的签名是分家书具备约束力的必要保障。在大量山西民间契约文书中，中人署名下有“十”字样，这是一种普遍的画押形式。

清华大学图书馆藏有大量山西乡村的分家书，时间自明清直至二十世纪八十年代。通过这些分家书，我们既可以看到乡村人家如何处理复杂的家庭关系，也可以观察中国传统社会的社会习惯在这数百年间如何传承流变。

一、分家的缘由

“家和万事兴”是中国传统观念中的理想之一，然而，家庭间会出现各种矛盾或变故，以致分家析产。通过阅读分家书，我们可以一窥乡村家庭的世间百态。一般而言，分家的缘由有以下几种：

家庭人口过多。一大家子聚在同一屋檐下，生活难免有磕磕碰碰，最关键的在于人口浩繁导致财产分配更易产生矛盾，不利于家庭正常经济生活的开展。清人李绂就认为人们在分家后可以“各惜其财，各勤其事，犹可以相持而不败”。[1] 分家不失为乡民们应对人口问题的理性选择。民国三十八年（1949），绛州王茂林、王茂莆、王茂合三兄弟分家，理由便是“居家人口繁侈，难以度日”（图1）。清华馆藏的分家书中，家庭人口过多而导致分家的文书占比相当大，这不仅是经济问题，背后也有人情世故。因为一些乡民不愿将家庭矛盾公之于众，将分家原因归结为人口过多是较好的托词，这也让我们理解为什么家庭人口过多是分家书中最为常见的分家原因。

亲属不睦。当家庭成员之间损伤和气，分家就在所难免。乾隆三十九年（1774），太平县关家兄弟就在分家书中明确表示，因“人心不古，易生嫌隙”，他们不得不分爨。同治二年（1863），临汾县郭氏兄弟也因“兄弟不愿同居”而分家（图2）。此外，随着家庭规模的扩大，亲属间血缘关系逐渐由亲转疏，走向分家也成为趋势。

生计窘迫。有学者认为，清代家庭的结构受到经济因素的制约最深[2]，庞大的家庭意味着需要更多的经济收入维持生计。家道中落时，为了维持生存，乡民选择分家。道光十六年（1836），太平县关家自叙“因家道被累，难以同炊”，便邀亲族见证，叔侄两家表示情愿将祖遗产业均分。民国三十五年（1946），临汾县杨氏兄弟在分家书中写道，兄弟二人“家事无人照管”，两兄弟的能力不足以支撑起一个大家庭，只得分家，各安其业（图3）。

从大量的分家书可以看出，分家析产在明清时期的山西乡村已是十分普遍的现象，上述事例说明，分家是人们面对特殊家庭状况的理性选择。分家的家庭有不同的苦衷，但归根结底在于家庭成员们对经济利益的考量。费孝通先生在《江村经济》中指出：“年轻一代对经济独立的要求便成为家这一群体的瓦解力量，最终导致分家。”[3]祖辈遗产通过分家继承给下一代，年轻人获得遗产的专有权，不仅化解了大家庭下错综复杂的矛盾，也使得新生的小家庭获得从事经济活动的生产积极性。

二、分家的习惯

《大清律例》对于分家有明确的规定："其分析家财田产，不问妻、妾、婢生，止依子数均分。"[4] 简而言之，即不论嫡庶，诸子均分。因此，山西民间分家书大多数也遵循着均分的原则。均分不仅意味着财产数量上的大致均等，财产的质量也要尽量一碗水端平，这一点主要体现在房屋和土地的分配上：分配房屋会考虑房间的大小、朝向等因素；而分配土地则考虑土地的肥沃程度、灌溉难易度、地块位置等因素，做到良莠搭配。分家时，若家中长辈在世，可由长辈主持分家，是为"指定法"；若长辈离世，又无遗愿，则常在宗亲见证下将遗产分为数股，保证每人得到的财产数量大致均等，而具体得到哪间房屋或哪片土地，则"拈阄而定"，用相对原始的方式解决公平的问题，是为"拈阄法"。

分家后，若两家之间有其他经济往来，也会详细记录于分家书后。最常见的一类是祖产的再分配。光绪十四年（1888），绛州王家三兄弟分家析产（图 4）。分家书上载有："光绪十七年五月二十三日，王玉成房院让与弟玉有半间，永远为业。同中人言明，价银五十两正，当日银业两交，并无尺少。"王玉成把自己分得的半间房屋卖给了弟弟王玉有，分家书后详细记录了家产交易的时间、内容、价格，这显示出乡村家庭对财产归属的重视。另一类是对分家时未考虑的经济问题做补充说明。民国八年（1919），郭克敏将财产分给二子一侄，

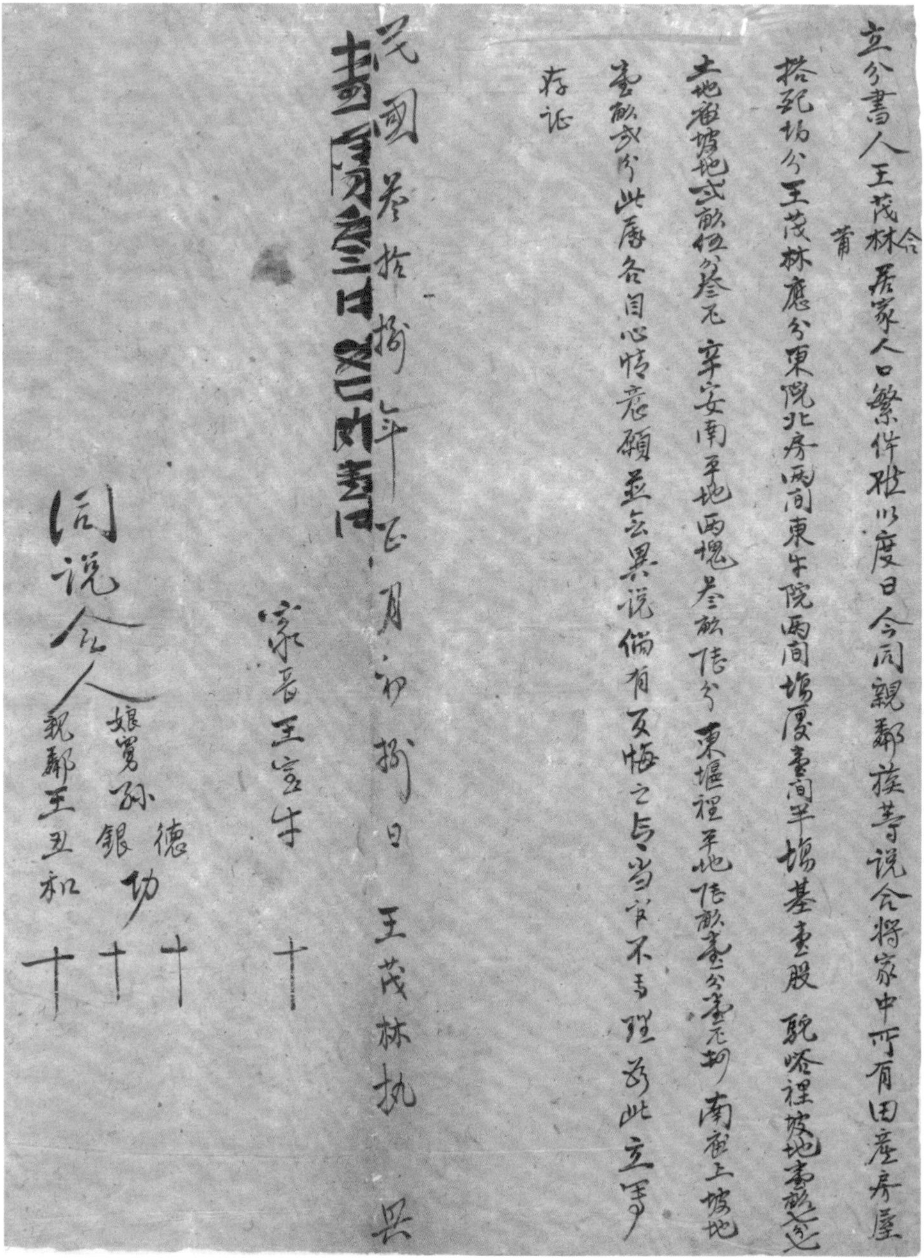

图 1 民国三十八年（1949）正月初八日王茂林三兄弟立分书

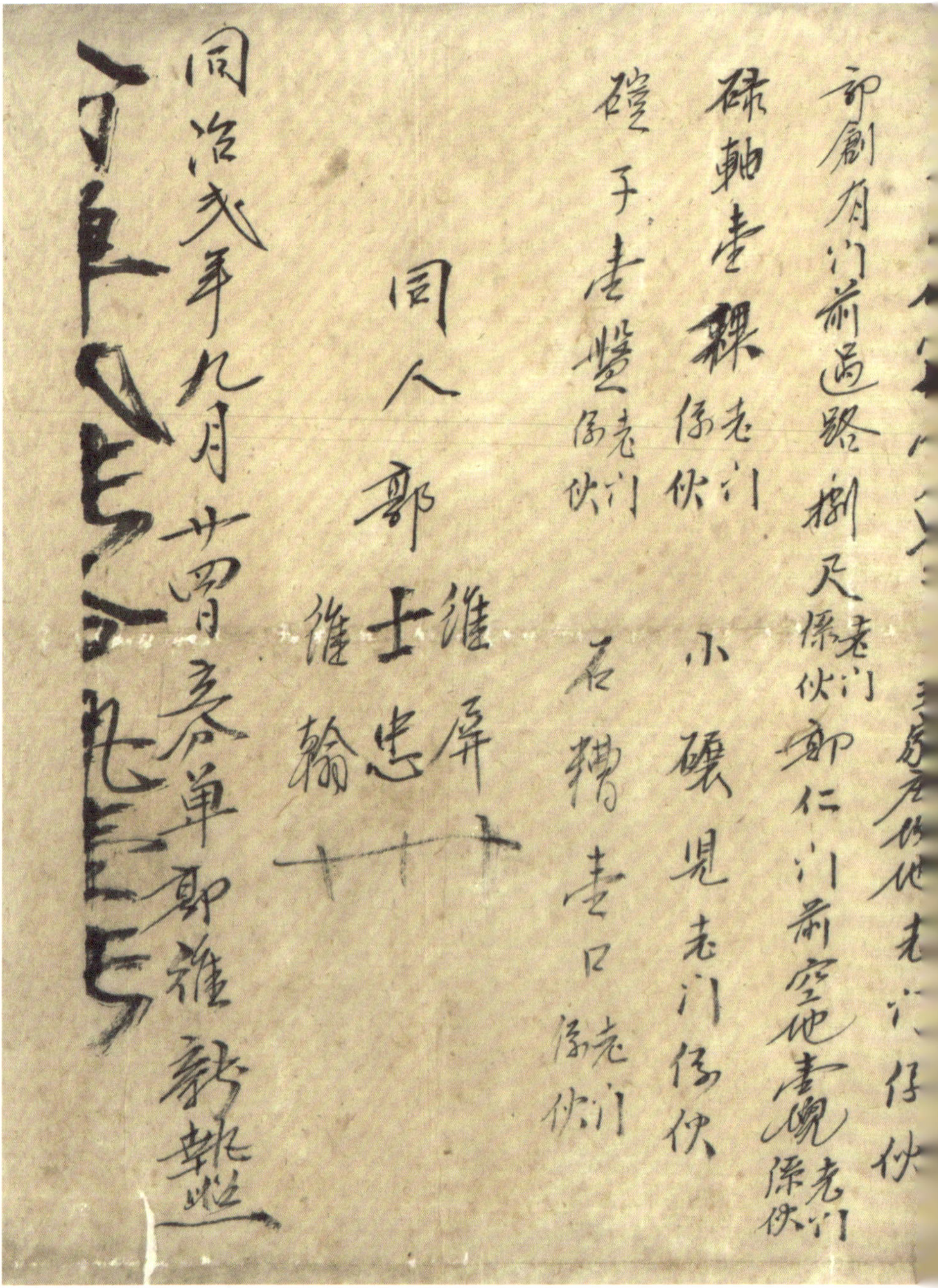
郭創有门前過路樹尺係老门伙　郭仁门前空地壹塊係老门伙
碌軸壹棵係老门伙　小礦兒老门係伙
磑子壹盤係老门伙　石槽壹口係老门伙
同人　郭士忠　維屏　維翰
十　十　十
同治弍年九月廿四日立分单郭維新　維城

图 2　同治二年（1863）九月二十四日郭维新、郭维城兄弟立分单

立分單人郭維新維成兄弟不顧同居同
親族說合將房屋地土搭配二人均分自
分之後各住各業並無異說恐口難憑
立分單存照

計開

西廈房叁間　　南庭房西壹間半　二人係伙

门樓出入通行走门係伙　　院后馬房空地走门係伙

東房后空地西壹半走门　係伙　　塢地西壹半　二人係伙

路在南边

澗南水地壹弘七八……

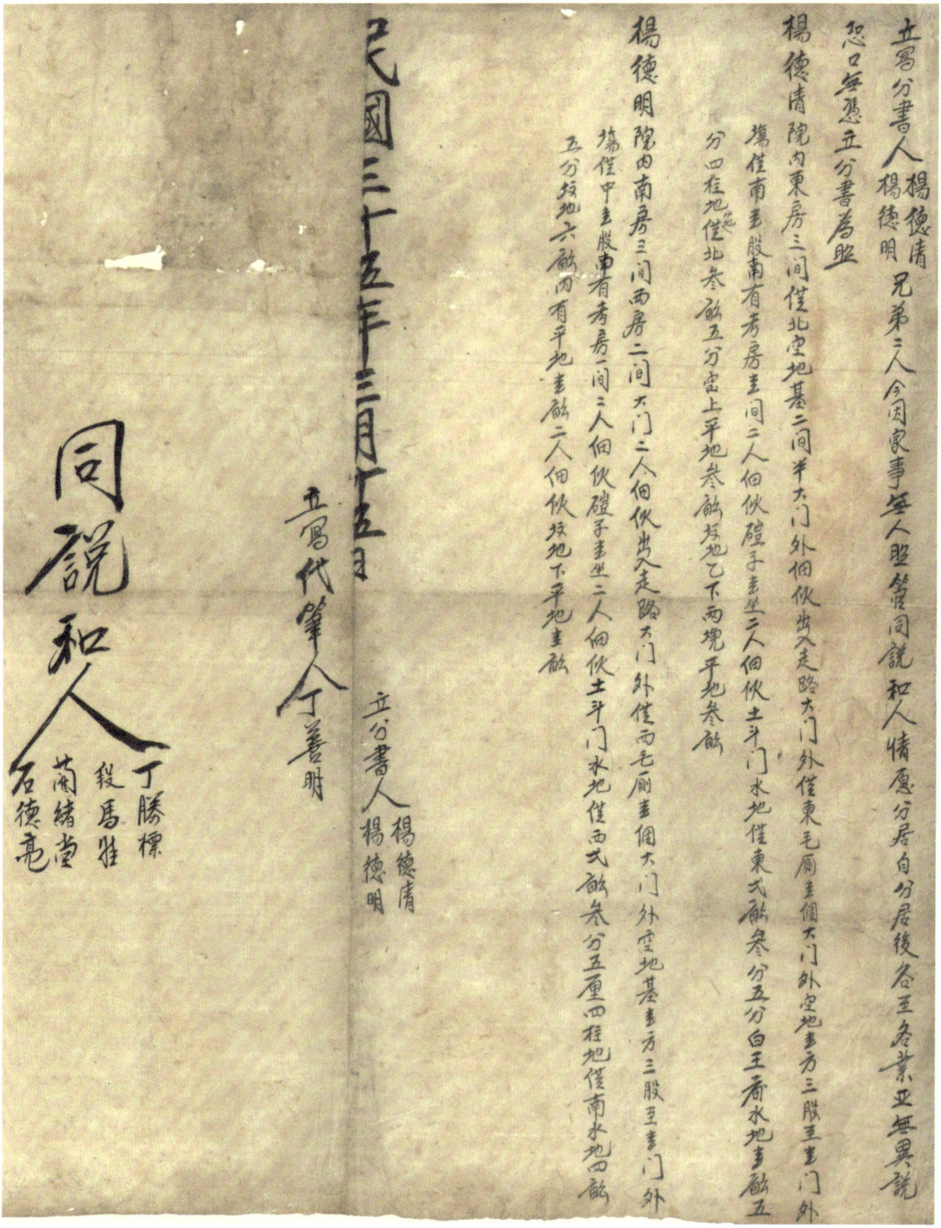

图 3 民国三十五年（1946）三月十（？）五日杨德清、杨德明兄弟立分书

分家书后的补充条款要求兄弟三人均摊幼子将来成婚的花费与二老离世后的丧葬费用。郭家在分家时只关注了财产的分配，家中长辈随后对子孙应承担的责任做了补充说明。

有时家中尚未完婚的子孙会单独得到一份财产，作为未来娶妻生子所用。光绪十三年（1887），太平县关氏分家，家中长孙关炤奎独得“红缎花衣一件、红缎花裙一件、红纱宫裙一件、云领一个”，为他成婚所用，暂由其母保管。从这份分家书中可以看出，关家并不富裕，祖产中的土地、房屋、家具已被炤奎之母与两位叔叔三家分尽，仅剩几件嫁娶衣物留给长孙炤奎。尽管如此，我们也能看到关家长辈对长孙成家立业、传宗接代殷切而朴实的期望。

值得注意的是，分家的内容除了财产，负担的债务也是重要的分配内容。道光十六年（1836），太平县关氏叔侄分家，一方是嫂子董氏与其子关汝荣，另一方是小叔关秉清，明文规定“欠省城、曲沃二宗借项，汝荣承认，与清无干；有欠陕西账项，秉清承认，与荣无干”，明确债务的分配同样也是为了减少未来可能存在的经济纠纷。关氏叔侄分家后，两家仍有互助。光绪十年（1884），关家宗亲在分家书后增补了一些两家近些年来的经济往来情况，从中我们可以得知，关汝荣分得的房屋破败，小叔关秉清出钱修补；关汝荣家则在小叔的债务问题上帮了忙，并未因债务事不关己而袖手旁观。家庭之间除了利益，人情的温暖更能打动人心。

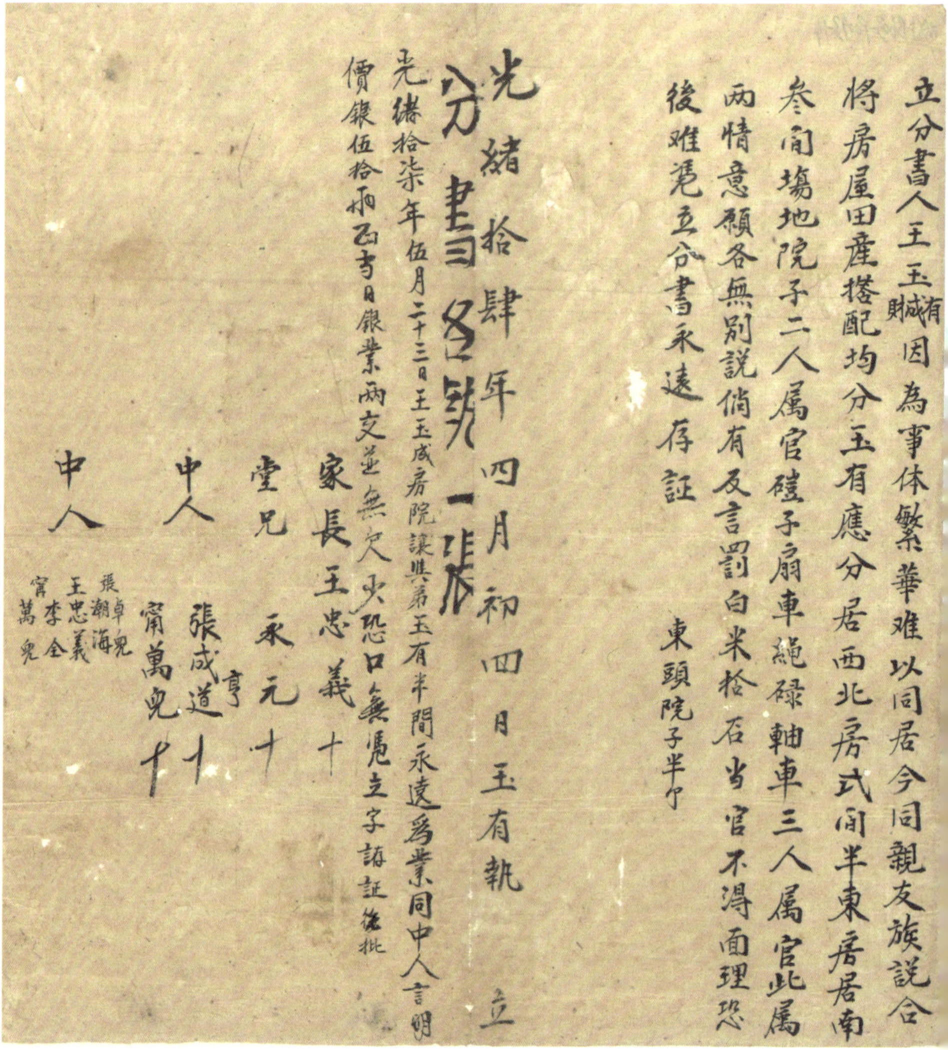

立分書人王玉成有財因為事体繁華难以同居今同親友族説合
將房屋田產搭配均分玉有應分居西北房式間半東房居南
叁間場地院子二人屬官碌子扇車繩碌軸車三人屬官此屬
兩情意願各無別説倘有反言罰白米拾石当官不淂面理恐
後难凴立分書永遠存証　東頭院子半个
光緒拾肆年四月初四日玉有執　立
分書各執一張
光緒拾柒年伍月二十三日王玉成房院讓與弟玉有半間永遠為業同中人言明
價銀伍拾兩正其日銀業兩交並無欠少恐口無凴立字誌証後批
家長王忠義十
堂兄　永元十
中人　張成道十　甯萬兜十
中人　張卓兜　張潮海　王忠義　李全　甯萬兜

图 4　光绪十四年（1888）四月初四日王玉有三兄弟立分书

三、传统的赓续

明清以来，山西乡村地区形成稳定的分家习惯，人们对于分家的方式、原则等有较强的认同。阅读一些中华人民共和国成立后的分家书，可以发现传统的分家习惯延绵赓续。这里以一份二十世纪八十年代的分家书为例，观察传统对现代深远的影响。

张照太是一家之主，育有三子，共同协商分家，分家书中主要记录了房屋分配、土地分配、家务财产问题与家庭经济问题（图5）。

在房屋分配上，家中共有老院房屋五间、新院房屋四间以及窑洞三间，长子陈珠分得老院房屋两间；次子景珠分得老院房屋两间；三子永俊分得新院房屋四间；张照太留下老院房屋一间以及窑洞三间，其中老院的一间房屋归张照太与长孙共有，想来应是张照太为长孙预备的产业。土地分配上，长子陈珠分得斜里地七亩四分和南宅地三亩九分，次子景珠分得斜里地三亩和沟里边缘地二亩，三子永俊分得东崖自留地三亩，自留地和边缘地的剩余部分归张照太所有。几家分别承担各自土地应缴的农业税。张照太还写明，待自己百年之后，三子之中无论谁继承了自己的产业，都要承担起相应的义务：土地所得归三兄弟共享，而继承的房屋在必要时需拿出来接待亲戚朋友，并负担相应的开支。

家务财产问题，现金存款当面分清，分家书中主要记载的是家中耕牛和树木的分配。张照太把一头母牛和老院的一棵桐树分给三

归我所有老院内门前小院内的枣树桐树留给三子结婚使用其地随同老院

现有的枣头母牛作为永俊结婚化费小牛犊留给我用

（五）家庭经济问题今后凡是[illegible]家枣胎几待亲贺友一切化费由我承担今年口粮当面

分清今后家里红白喜事老亲友由我承担孩子的亲友个自负担按风俗习惯分了

其债务问题信用社贷款按四分均摊每分五十元塑料薄膜按按地分摊每亩拾

伍元总计陈珠应摊玖拾伍元景珠陆拾伍元我和永俊壹佰玖拾元共计叁佰伍拾元

队里历年欠款和农具款按四分下账

以上同亲族说合取得全家同意空口无凭立字为记

[illegible]

立字人 張照太

代笔人 張希孟

亲族 張从善 張萃太 周全禧

长子 陳禄

次子 景珠

三子 永俊

公元壹玖捌叁年农历五月廿九日立

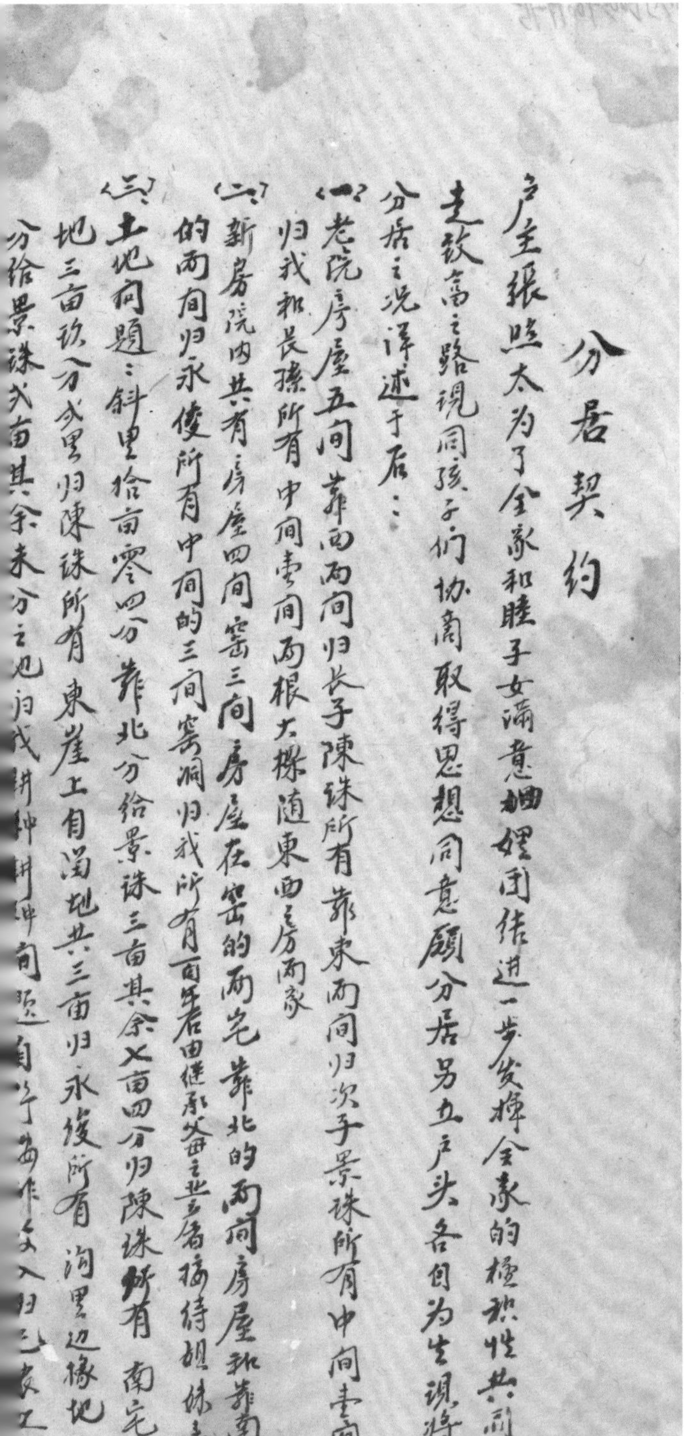
分居契约

户主張照太为了全家和睦子女满意妯娌团结进一步发挥全家的積极性共同走致富之路现同孩子们协商取得思想同意愿分居另立户头各自为生现将分居之况详述于后：

（一）老院房屋五间靠西两间归长子陳珠所有靠东两间归次子景珠所有中间壹间归我和長孫所有 中间壹间两根大梁随東西之房两家

（二）新房院内共有房屋四间窑三间房屋在窑的两边靠北的两间房屋和靠南的两间归永俊所有中间的三间窑洞归我所有百年后由继承父母之业者扶待胡妹未结

（三）土地问题：斜里拾亩零四分靠北分给景珠三亩其余又亩四分归陳珠所有 南宅地三亩玖分式里归陳珠所有 東崖上自留地共三亩归永俊所有 沟里边缘地分给景珠式亩其余未分之地归我耕种耕种问题自以子为作父入归己长工

图5 1983年张照太同三子协定分居契约

子永俊，待永俊结婚时可以出售以平衡开销。张照太留下了几头小牛犊和斜里地内的果树。

家庭经济问题，主要指债务的分配以及对未来家庭开支的规划。债务方面，家中需向农业信用社缴纳的银行贷款共计二百元，四人均摊，每人承担债务五十元；家中棉地覆盖的塑料薄膜费用按每亩十五元摊款。家庭债务的总体分摊情况为长子陈珠摊款九十五元，次子景珠摊款六十五元，张照太和三子永俊共摊款一百九十元。关于未来的一些开支，张照太申明，凡是第一胎婴儿降生，待亲贺友的花费由自己承担；以后家中办理红白之事，按照风俗，自己承担接待老亲友的开销，儿子们则自费招待各自的亲友。

可以看出，直至二十世纪八十年代，山西乡村的分家习惯基本延续了传统。首先，综合财产占有情况来看，基本符合诸子均分的原则；其次，在财产之外，明晰债务的权责是必不可少的，这是为了减少未来家庭间产生经济矛盾的未雨绸缪；最后，一些重要的乡村风俗也会反映在分家书中，子孙成婚或办理丧事是乡村家庭普遍会面对的大事，其开销需要一家之主足够的重视。

四、结语

分家书是研究民间经济生活的重要一手史料，我们通过分家书得以管窥乡村人家生活的百态。分家是所有大家庭发展必然经历的阶段，新的小家庭由此诞生，人们继续自己的生计，给社会带来新的经济活力。中国传统社会的运行有赖于民间在实践生活中形成的社会规范，即便是“家庭”这一最为私密的组织，也会依靠规范来调和家庭矛盾，维持正常的生活秩序。分家书的普遍运用还反映了山西乡村民众在日常生活中形成了明确的契约意识：分家在宗族亲属的见证下举行，以分家书为唯一有效的凭证，明晰财产及债务的分配，保证分家的公平公正。分家书在山西乡村社会存续数百年，深刻地融入当地民风民俗，至今仍影响着人们的生活方式，体现出中国社会传统文化的延续性。

资料来源

[1]〔清〕李绂：《别籍异财议》，《皇朝经世文编》（第16册），岳麓书社，2004年，第305页。

[2] 张研：《清代家庭结构与基本功能》，《清史研究》1996年第3期，第43页。

[3] 费孝通：《江村经济》，江苏人民出版社，1986年，第47页。

[4] 清光绪《钦定大清会典事例》卷七百五十三《户律·户役》，中华书局1991年影印版。

从一桩邻里官司看民国时期的地方诉讼

在清华大学图书馆收藏的文书资源中，有二十余件文书是关于同一个民事纠纷案件的内容，此案发生在山西省运城万泉县西解村。这些文书用纸、尺幅都不同，多数没有时间、款识信息，显然不是官方的制式文书。其中，有十余件是一方当事人对纠纷的事实说明、诉求等文字，此外，有四份法院收据，一张县知事公署判决，还有保状、堂谕记录等。透过这些墨迹可以依稀了解一桩邻里官司的来龙去脉，并从中窥见当时历史条件下地方诉讼的制度和特点。

一、纠纷简述

人在社会生活当中，离不开与他人的交往。我国传统文化非常注重以道德和伦理调节人们之间的关系，自然也包括邻里关系。古语有云“远亲不如近邻”，说明邻里关系是非常重要又特殊的关系。

邻里之间的关系如此不同一般，两家相邻而居，低头不见抬头见，和睦相处自然是好的。但是，一旦发生矛盾，产生纠纷，如果不能及时化干戈为玉帛，很容易使双方积怨，无疑给各自生活带来烦恼，甚至会使双方对簿公堂。

本文讨论的这桩邻里官司是一起邻里两户关于宅墙占用纠纷的案件（图 1）。该案（以下称“张纪纲案”）当事人分别是张纪纲和张子云，当事人居住地属山西省运城万泉县西解村。双方为邻，两宅相隔一墙，一宅在东，另一宅在西，同出入于一条南北火巷。因修建官巷大门占墙引起矛盾，时间长久且纠纷无法调和，诉至县府。一审判决之后，张纪纲不服判决结果，再行提起上诉。

这些文书多为张纪纲控诉张子云的内容。从中可见，两家为邻的时间至少从同治年间持续到打官司的民国十三年（1924），时长超过五十年。光绪二十四年（1898），两家曾共同参与修理官巷大门。民国八年（1919），“巨官张子云造门房侵占民墙任意廓张”，已招致张纪纲不满。至民国十一年（1922），该纠纷诉之于县府并当堂判决，准张子云借占张纪纲宅墙二十年。张纪纲不服判决，分别于同年、次年及民国十三年提交上诉状，希望将借占时间减至八年（“准伊借占八年原璧归赵”）。但在现有的文书中，未见有结案的相关记载。

二、文书内容特点

我国近代之前，百姓告状打官司需要到官府衙门办理，相关诉状、判决等案件材料一般由官府保存。这些诉状卷宗也称为诉讼文书或司法文书。诉讼文书类型包括官府诉讼档案，即诉讼过程中的原件文书，由地方政府相关职能部门进行归档管理；民间文书，可能是诉状的草稿或者民间抄录并保存的相关诉讼文书，这些大都没有印信。此外，在如阿风的《明清徽州诉讼文书研究》等一些研究著作中，还可以看到有其他形式的诉讼文书。

张纪纲案的文书明显属于民间文书，其中，有十余张文书的内容都是当事人对事实和证据的说明，有的反复说明，有的是补充，描述中有事实、证人名字、字据等。这些文书都是用笔墨手写，字迹不甚工整，潦草甚至难以辨认，笔者推想可能是诉状（状纸）的草稿，也没有落款时间、印信等标记。总之，当事人尽可能从自己的角度说明理由，强调对自己有利的证据，如一份状纸中描述了纠纷缘由，并列出三方面证据以证明自己主张（图2）。

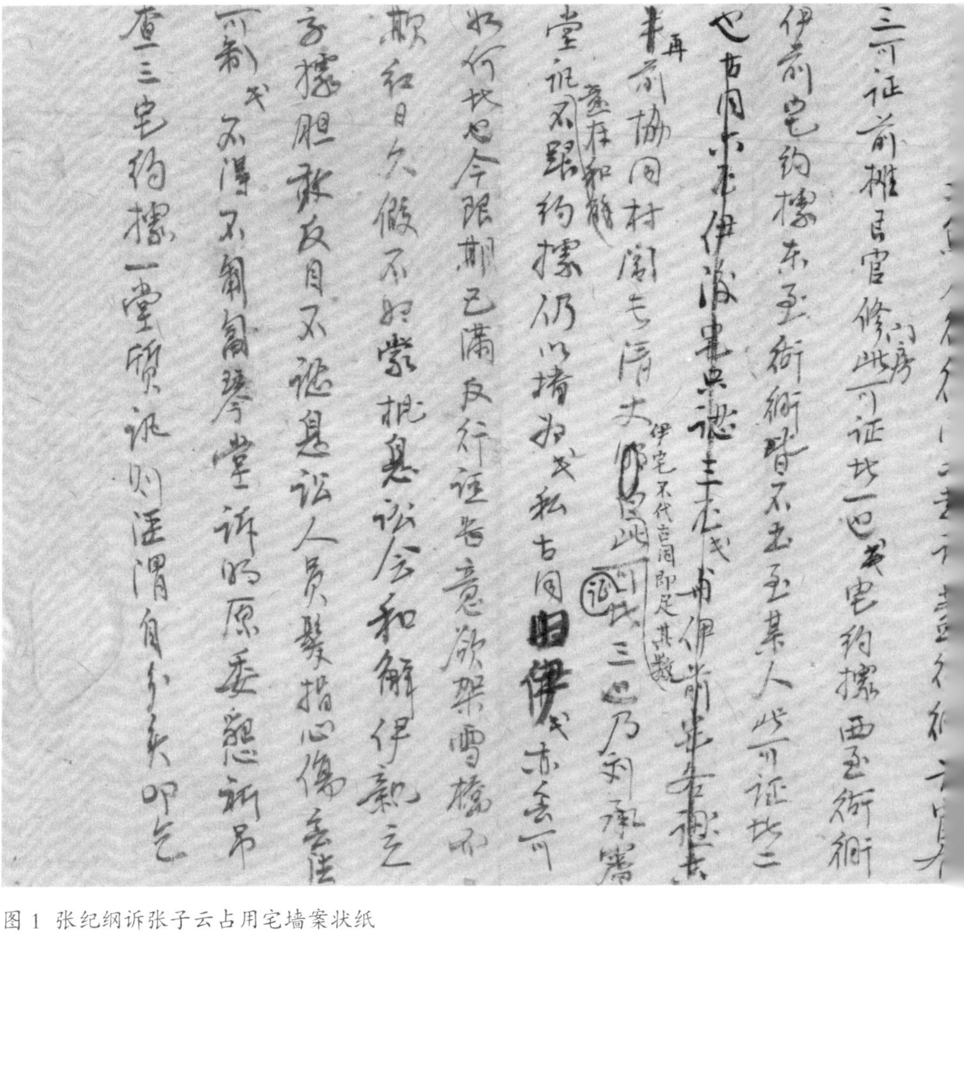

图 1 张纪纲诉张子云占用宅墙案状纸

缘身宅与姚仔云前后两宅相隔一墙身宅在前东

伊前宅在西同出入街衖多历年所街衖口有

一门房岂墙而不占墙识以街衖门房为管

两墙则身私心同治年间身宅改为东南巽门

其不出入街衖故亦云久矣光绪廿四年修理

门房工料一并四分三股均摊身认料五分伊前

后两宅认料一半民国八年身遭父丧家又多难伊

乘人之危侵占身墙任意廓修身当时万事

皆休罢暇与伊起诉伊[illegible]立一借字暂作罢论

至十一年身控于县当堂判决准伊借占时归还原墙

身以为过上诉分所伊央族侄作藩王瑞贵和解准伊借占

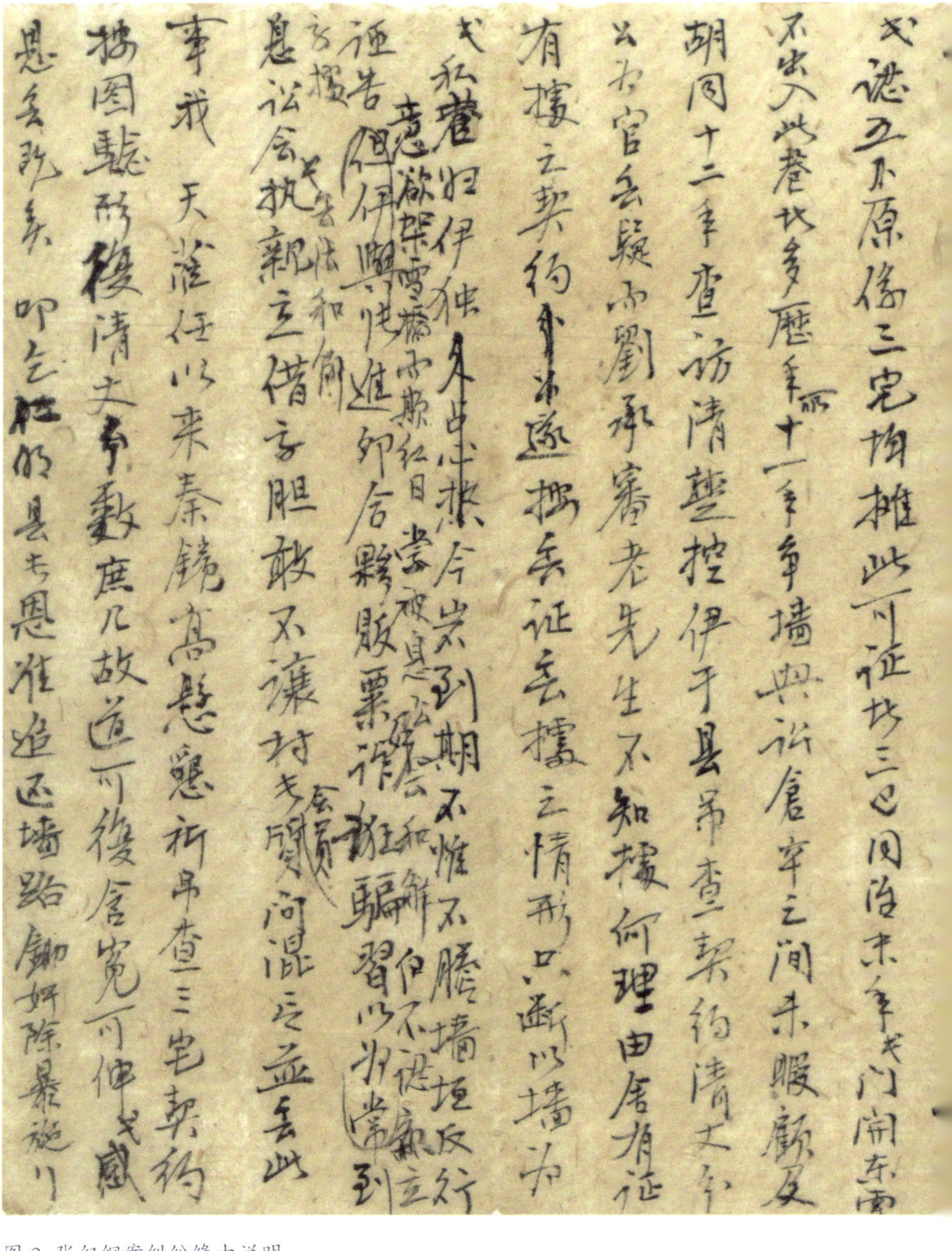

图 2 张纪纲案纠纷缘由说明

事由　为逾限違约反行诬告意所訛的房樓依法辯證

事物　因侵越占私墻官巷衔接門房纠葛

原因　緣與戈姓子云同居路北伊宅在後出入南北官巷一条前

有寺西两宅相对东即戈宅西宅係伊光緒三十年所買巷荒墻向不占墻

口有門房一所原為鏡西後僅一椽之長係光緒廿四年推民

官修門樓民認又五小條與伊前後兩宅三股均攤至民国八年乘戈臨喪私自鄭姓侵占戈墻基

有判決伊有借方予限期准伊拆房退還原墻判決借方

詒延至揭無庸煩瀆臨審呈驗但胡因為官有三可證戈宅約樓

西至胡同伊前宅約樓東至胡同原日舊門現在胡員

以內此可證者一也胡同共有二一在伊後宅口一認三丈十一

年與訟協同村閭長清丈伊之前宅丈至墻皮即是三

另一份状纸字迹工整、清晰，写明争议地点所占的面积（图3）。

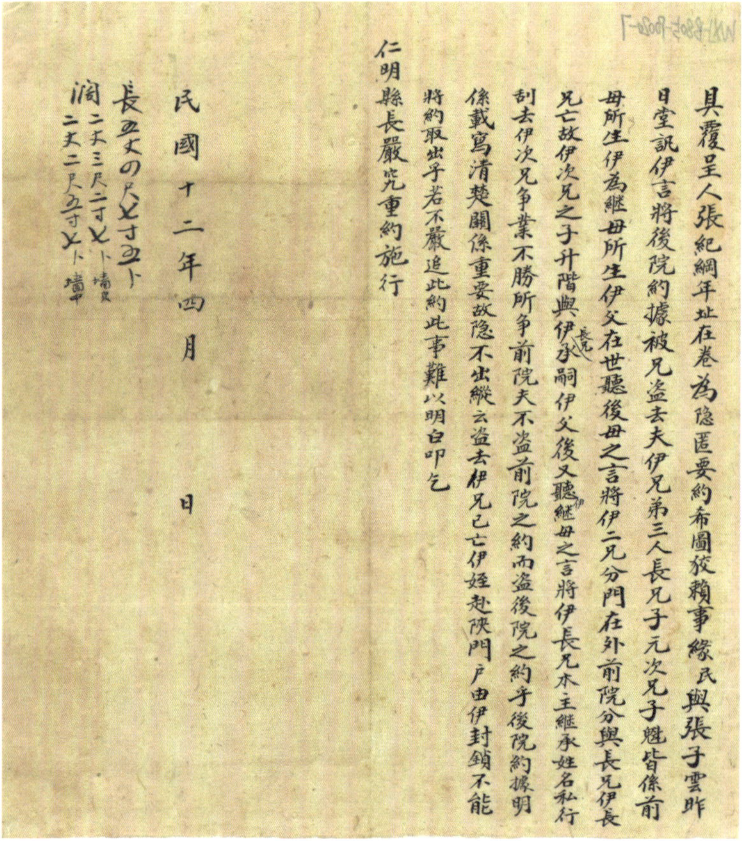
具覆呈人張紀綱年址在卷為隱匿要約希圖狡賴事緣民與張子雲昨
日堂訊伊言將後院約據被兄盜去夫伊兄弟三人長兄子元次兄子魁皆係前
母所生伊為繼母所生伊父在世聽後母之言將伊二兄分門在外前院分與長兄伊長
兄亡故伊次兄之子升階與伊長承嗣伊父後又聽伊繼母之言將伊長兄未立繼承姓名私行
刮去伊次兄爭業不勝所爭前院夫不盜前院之約而盜後院之約乎後院約據明
係載寫清楚關係重要故隱不出縱云盜去伊兄已亡伊姪赴陝門户由伊封鎖不能
將約取出乎若不嚴追此約此事難以明白叩乞
仁明縣長嚴究重約施行
民國十二年四月　日
長五丈四尺七寸五卜
二丈三尺二寸七卜墻長
闊二丈二尺五寸七卜墻中

图3 民国十二年（1923）四月张纪纲再诉张子云占用宅墙状纸

此外，还有保状、万泉县知事公署判决书、法院开具的四种收据等。

民间文书保存有很强的目的性，只通过内容了解案情的前因后果，当然有一定的局限性，如当事人的主观意图明显，立场偏颇，所表达内容的片面性、可信度都有待判断，不能认定就是事实本身。这些资料虽然无法反映当时全部的诉讼内容，但是其包括的丰富信息，可以映射出当时乡村的社会秩序和日常生活的情境，有助于从多角度来了解和研究当地民间关系的实际状态。

三、诉讼制度及特点

透过张纪纲案的文书内容，结合当时的审判机构设置状况，可以进一步了解地方司法制度的特点，反映民国时期诉讼从公堂逐步走向法庭的过程。

（一）审判机关

该案的一审受理机构是县知事公署文书中有一份为万泉县知事公署判决书（图4）。县知事公署是民国初年县级的行政机关，下设各科，分掌民政、教育、财政等各方事务。毕连芳《中国司法审判制度近代化研究》一书介绍，县知事是负责一县行政的官员职务。在未设地方法院的县，以县长兼理司法，另设置承审员协助县长审理案件。如不服判决，则可径行上诉于高等审判厅。整个民国时期，在很长时间内仍延续着中国古代“县太爷审案”的状况，县知事公署是基层收受诉讼、解决纠纷的机构，由县长兼为法官。国民党统治时期，改知事为县长，改县知事公署为县政府。基层政府有效地维持着地方社会关系的运行和恢复熟人社会的人际关系。[1]

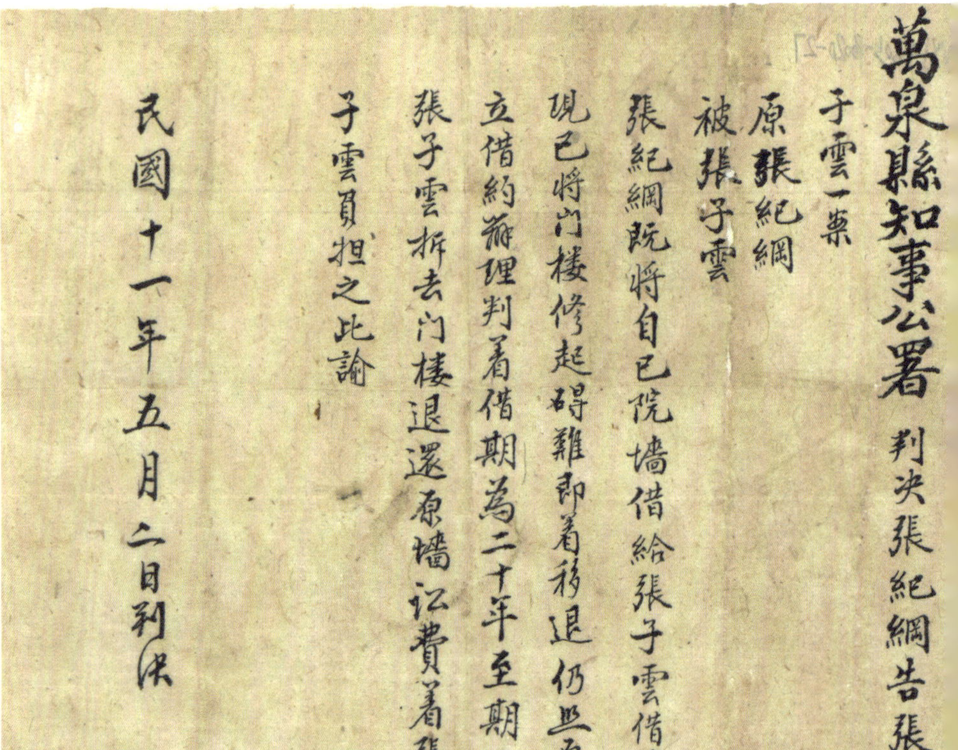

萬泉縣知事公署 判决張紀綱告張
子雲一案
原 張紀綱
被 張子雲
張紀綱既将自己院墻借給張子雲借佔
現已将门楼修起碍難即着移退仍照原
立借約辦理判着借期為二十年至期由
張子雲拆去门楼退還原墻訟費着張
子雲負担之此諭
民國十一年五月二日判决

图 4 万泉县知事公署关于张纪纲案的判决书

万泉县知事公署判决张纪纲告张子云一案

原：张纪纲。

被：张子云。

张纪纲既将自己院墙借给张子云借占，现已将门楼修起，碍难即着移退，仍照原立借约办理，判着借期为二十年。至期由张子云拆去门楼，退还原墙，讼费着张子云负担之。此谕。

民国十一年五月二日判决

观此案文书，张纪纲案发生在运城万泉县辖属的西解村。其他状纸中也有对承审员（即后来的审判员）的记录，如从以下文书中可见问案承审者的姓名叫刘文田（图5）。

民国北洋政府（1912—1928）的审判机构沿用清末的设置，即全国设高等审判厅，每省省城一所，掌理全省诉讼，大商埠距省城远者得设分厅。高等审判分厅主要审理不服地方审判厅第一、第二审的判决而上告的案件等。厅内置书记厅，设书记官长一人，分置总务处和民刑事处。根据《中国司法审判制度近代化研究》等书可以知道，总务处分设文牍、统计、会计三科，民刑事处分设民事、刑事两科。[2] 在张纪纲案的相关文书中，还有一些是法院收到诉状后发给的收据或回执。据官方的收据显示，受理法院是山西第一高等审判分厅，时间分别是民国十一年、十二年、十三年。除上诉保状，其他如"收状证书"就是发自文牍科，上面标明纳费人姓名及缴费数额（图6）。此张纪纲案是张纪纲提起的上诉案件，正是当由山西第一高等审判分厅受理。

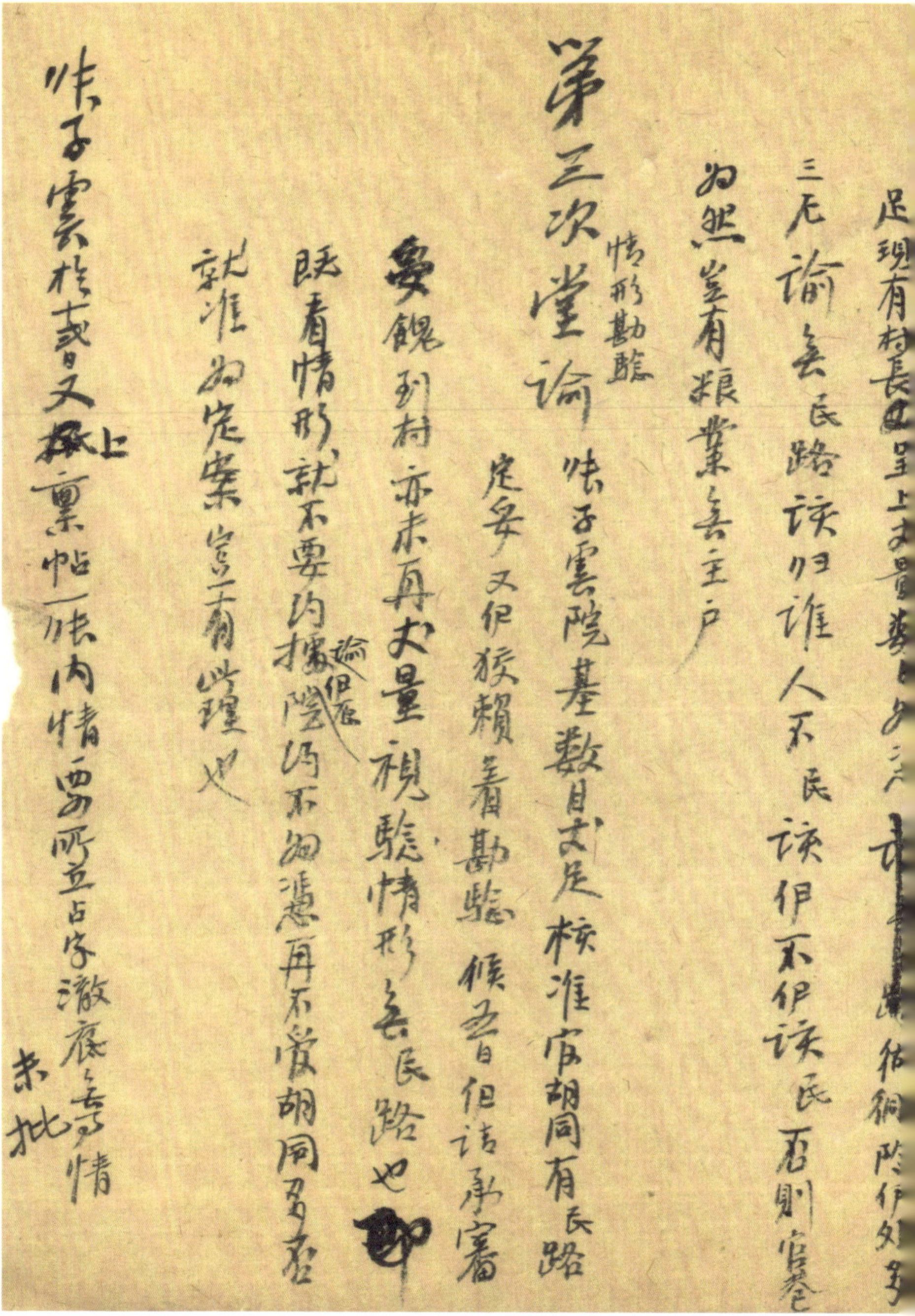
足现有村长□呈上丈量数□□□依□附伊外□
三尺谕县长路该归谁人不长该伊不伊该长否则官叁
为然岂有粮业无主户
第三次堂谕 情形勘验
张子云院基数目丈足核准官胡同有长路
定要又伊狡赖着勘验候呈日但请承审
要亲到村亦未再丈量视验情形无长路也 印
既看情形就不要内据谕伊底隐仍不细虑再不发胡同召查
就准为定案岂有此理也
张子云於十七日又上禀帖一张内情西界所立占字激底无情
未批

图 5 张纪纲案堂谕记录

弟梁勳刘承審伺樂可由单端衔衕巷路

第一次堂諭 单胡同巷路 着兩造人呈献院基约據

第二次堂諭 兩造约據呈上

姚某人约新補西玉胡同固系原
约不能为憑專憑姚子雲有原
约據是理 伊言该院约失胞兄盗去現伊祖留分单一紙注明衔衕
巷有该院三丈出入路伊胞兄前院基约注東至胡同为界西至北
明前院基址數式丈一尺之數 堂諭 着協同村長丈量伊院若
數目不足代衔衕數符佛者乃系長路为是如不代衔衕院基
數足者乃有長出入路實为三家官巷時经村長丈量伊院
基式丈一尺實足未代衔衕又另外衔衕巷址數六尺伊该院分单

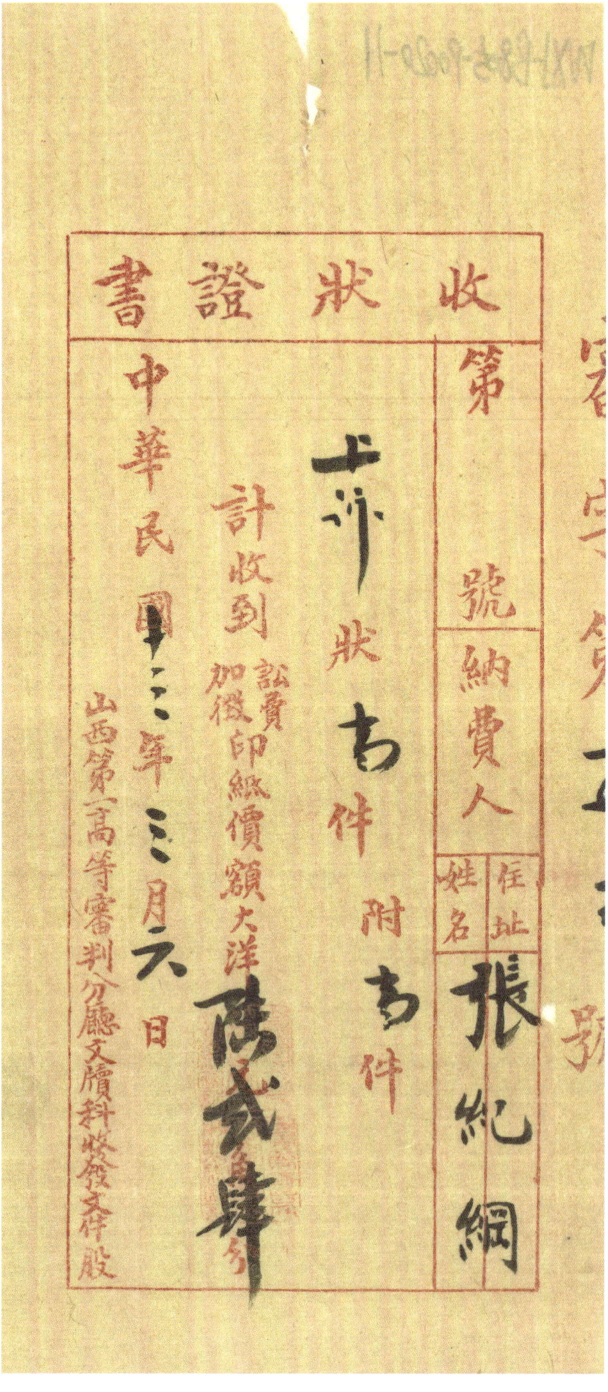

收狀證書

第　號

納費人
姓名 張紀綱
住址

上訴狀 壹 件 附 壹 件

計收到
訟費
加徵印紙價額大洋 陸 式 肆 分

中華民國十二年三月六日

山西第一高等審判分廳文牘科收發文件股

图 6 张纪纲案
收状证书之一

（二）审判程序

民国时期，第一审适用的程序为通常程序、简易程序，一般包括原告具诉状、被告答辩，经调查证据、言词辩论，达成和解或裁判。在上文图 5 的文书中，我们可以看到“堂谕”的记录。清代，州县衙门审断案件需当场提出处理批示，称为“堂谕”。民国初年，各县知事审断轻微案件仍沿用堂谕。如该记录有三次堂谕，说明知事就此案至少有三次审理，并当堂做出判词或命令。

对一审判决不服的，即可提起上诉审。该案的当事人之一张纪纲不服万泉县公署民国十一年五月做出的第一审判决，向上级审判机关即山西第一高等审判分厅提起上诉，诉请撤销一审裁决。

同时，当事人在状纸中动之以情，寄希望审判官员明断，言语情切，如使用“祈天斧断依法裁决”“叩乞施行不禁惶悚待命之至”“伏祈恩准”等词语。这些用词、语句也从某种程度上反映出民国时期普通民众对于诉讼、执法的最朴素的认识，其观念和行为还没有上升到严格的法律层面，司法体制尚未从政法合一的县知事判案向司法独立转变。

（三）证据

俗话说，打官司就是打证据。这些文书中多数内容都有当事人对事实和证据的说明，强调对自己有利的证据。

这批文书中，有西解村村长对案情的证明（图 7），另一份文书中也提到“有工人王海经（暂识为“经”。——撰者注）可证，又况有借占字据一张”（图 8），至于这些事实和证据能否被认可，需要

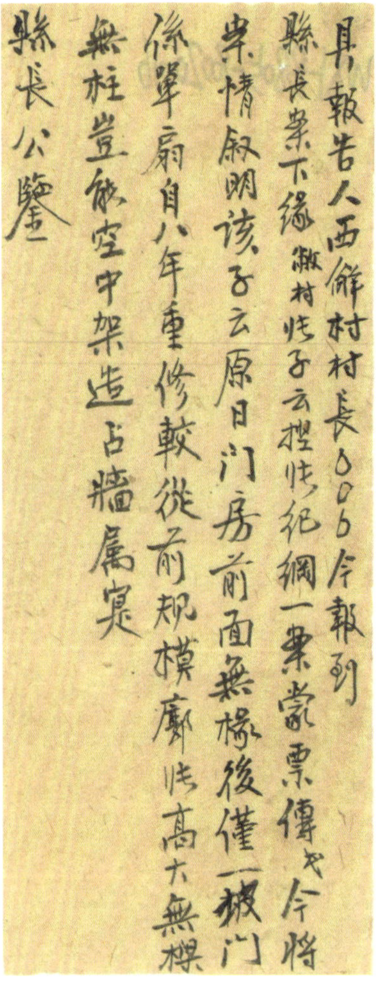
具報告人西解村村長○○○今報到
縣長案下緣敝村張子云控張紀綱一案蒙票傳並令將
案情叙明該子云原日门房前面無椽後僅一被门
係單扇自八年重修較從前規模廓張高大無椽
無柱豈能空中架造占牆屬寔
縣長公鑒

图 7　西解村村长对张纪纲案案情的证明

经过审理人员的判定。如被告张子云提出契纸被偷、重新拟定约定等证据认定，在堂谕中都有说明。

（四）调解

传统的中国老百姓认为打官司不是一件好事，大多数民间纠纷基本上是在民间社会层面解决的，很少诉至官府。民间调解有不同的方式，如一般民间调解、宗族调停、行会调解等，以和为贵，主张“无讼”“息讼”。民国初期，山西因实行村治而成为全国的“模范省”。为了推行村治，山西省设置了一系列的非讼纠纷解决机构，以调解社会矛盾，维护乡村社会秩序的稳定，并取得了一定的社会成效。其中，息讼会就是非讼纠纷解决机构的主要代表。

息讼会本质上是一种调解村民之间民事纠纷的民间调解机构，其目的在于止争息讼，从而维护乡村内部正常稳定的社会生活秩序。[3] 这一时期，“模范省”省长阎锡山在告诫全省基层百姓的《山西省息讼会办法》中开

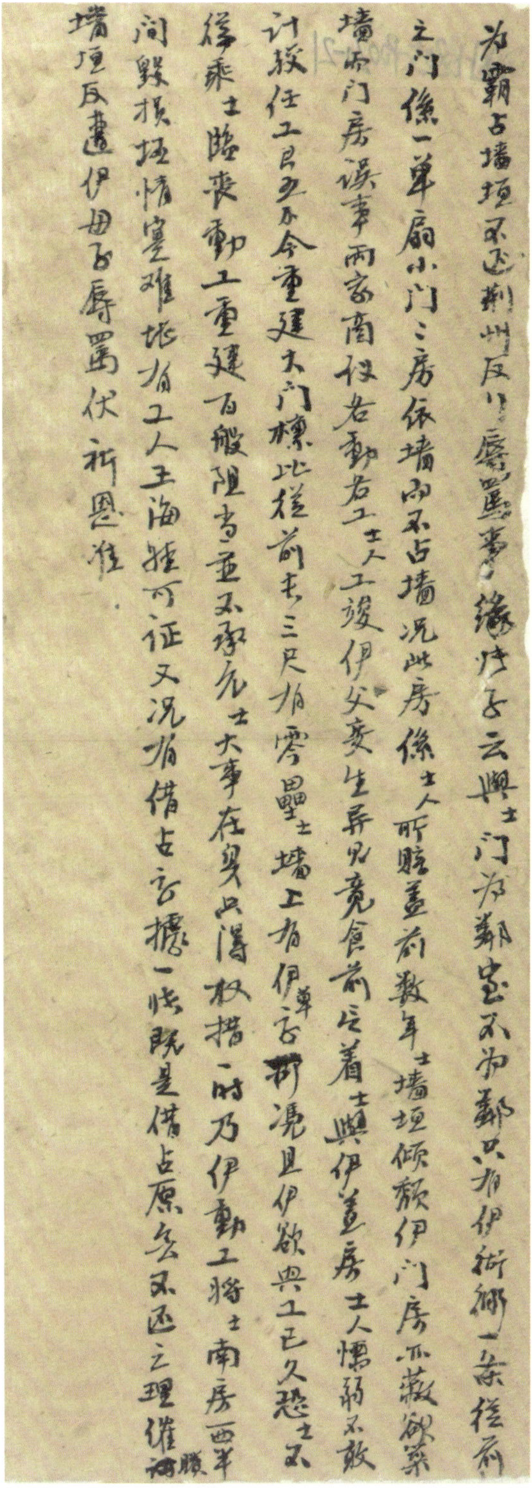

图 8 对张纪纲案的举证说明

门见山地说“世上吃亏的事情，没有比打官司更厉害的”，所以“人民遇事自己和解，万不要轻易进衙门”。[4]

在张纪纲案的相关文书中，有一份提到息讼会曾参与此案。但是，息讼会是调息争端、消减诉讼的自治机关，而非司法机关，其调处结果不具有强制性，即一方当事人若不服公断结果可另行起诉，不受调处结果约束。调解的效力是无法保证的，如果不同意调解仍可提起诉讼。从文书中可以看出本案就是如此，虽然有息讼会参与调解，但是纠纷没有达成和解，仍然经过判决，当事人张纪纲不服判决结果，故提出上诉。

四、结语

张纪纲案文书不仅呈现了一起发生在民国时期山西运城万泉县西解村的邻里纠纷案件，其中蕴含的丰富内容也体现出传统法律文化的传承，以及审判制度、民间调解制度的沿用。“堂谕”“禀帖”“县知事公署”“知事”“承审员”“息讼会”等专门术语，则反映了民国初期司法制度的混合性。该案既是运用审判解决邻里关系的一个缩影，也能反映民国司法制度尤其是地方基层司法在近代缓慢发展的过程。可见，文书资源对史学、法学、社会学等相关领域的研究具有一定的参考价值，是值得挖掘、利用的特殊文献。

张纪纲案的另一重意义是对今天的人际关系、邻里关系有启发。清代姚永朴《旧闻随笔》中记载了一个流传至今的“六尺巷”的故事，传有多个版本，讲述了一纸书信化解邻里矛盾的故事：

张文端公为编修时，分校礼闱，家人犹经旬乏食，配姚夫人搜得面数斗，遂举家食面汤将一月。官礼部侍郎，屋犹止数楹，洊登台辅数十年，不易一椽，不增一瓦，曰："安敢为久远计耶？"

平湖陆清献公之擢御史也，世皆知由泽州陈文贞公论荐，然吾邑张文端公亦有疏，乃奉旨行取。

康熙四十四年圣祖南巡时，湘潭陈恪勤公为江宁知府，有毁之于上者。会张文端公由皖入觐，上问江南廉吏，首以恪勤对。上曰："其为人何如？"对曰："吏畏其威而不怨，民怀其德而不玩，士式其教而不欺，廉，其末也。"上遂释然。

张文端公居宅旁有隙地，与吴氏邻，吴越用之。家人驰书于都，公批诗于后寄归，云："一纸书来只为墙，让他三尺又何妨。长城万里今犹在，不见当年秦始皇。"吴闻之感服，亦让三尺。其地至今名六尺巷。或谓丹徒张文贞公事，殆误。[5]

"让他三尺又何妨"所以成为美谈，从一个侧面恰恰说明这种邻里关系与复杂现实之间的差距。与人为善、以和为贵是人们普遍认同的为人处世原则，时至今日，中华民族这些优良的传统美德依然值得发扬光大。

资料来源

[1] 刘昕杰：《实用型司法：近代中国基层民事审判传统》，《四川大学学报》（哲学社会科学版）2011 年第 2 期，第 30—37 页。

[2] 毕连芳：《中国司法审判制度近代化研究》，中国政法大学出版社，2020 年，第 68—69 页。

[3] 杨猛：《略论“山西村治”中的息讼会》，《河北北方学院学报》（社会科学版）2006 年第 6 期，第 42—46 页。

[4] 刘昕杰：《实用型司法 : 近代中国基层民事审判传统》，《四川大学学报》（哲学社会科学版）2011 年第 2 期，第 30—37 页。

[5]〔清〕姚用朴著，张仁寿校注：《旧闻随笔》，黄山书社，1989 年，第 182—183 页。

十三写作〡三，十四写作〡〤，十五以下仿此。”[4] 此外《古今图书集成》中的《历法汇编》、清人姚承祖的《营造法原图》都有关于苏州码的记载。

苏州码最晚到明代终于演变成了大量使用的商用暗码。后来随着阿拉数字的普遍应用，其主要应用场景才逐渐被替代。苏州码的基本写法字形如下：〡 〢 〣 〤 〥 〦 〧 〨 〩。与其对应的阿拉伯数字分别是 1 到 9，可以横式书写，也可以竖着书写（“1 2 3 4”有时也可写作横式“一 二 三 亖”）。

苏州码计数写成两行，首行是苏州码表示的数值，二行是汉字表示位数的标记。当苏州码的几位数组合遇到并列时，为避免数字连写混淆，可将偶数位写作横式。例如“〡〢〣〣〢〡”可写成“〡二〣三〢一”。例如“6533”，用苏州码则可以表示为如下形式：

第一行：〦〥〣三

第二行：千百（汉字位数标记符）

苏州码因其比较形象，易于书写、掌握，所以被民间普遍应用。但是苏州码也有一个很明显的缺点，就是容易被篡改。例如“一〣”，加一笔就变成了“二〣”，完全看不出被修改的痕迹。因此在商业记账中，往往采用大写数字（即壹、贰、叁、肆、伍、陆、柒、捌、玖、拾、佰、仟、万）与苏州码结合的方式。这组大写数字又叫会计体，一直沿用至今。

二、民间文书中的苏州码

苏州码旧时被广泛运用于各个领域的公文、契约、账表、官帖、私钞、当票等涉及经济生活的带有数字的文档中。清华大学图书馆藏有买卖契、分家书、账单、账本、民事判决书、房窑证、过继书、借条、婚书、证照等多类民间文书，下面选取其中几件，以展示苏州码在这几类文书中的应用。

民国九年（1920）修理房单文书是一件修理房屋购买材料的记

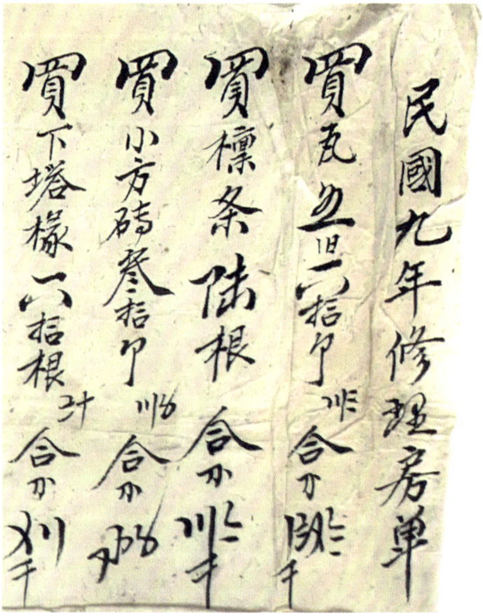

图 1 民国九年（1920）修理房单（局部）

账单，文中用苏州码详细记载了修理房屋的材料、花费（图 1）。从文书中可以看到（苏州码已转为汉字数字，下同）：“买瓦五百（“旧”是“佰”的俗写。——撰者注）一十八个，三三（单价）合钱（“丌”是“钱”的俗写。——撰者注）一千七四八；买檩条六根，合钱三千七；买小方砖三十个，三四（后边凡是写到买砖都写了“三四”，应为单价。——撰者注）合钱一百零五；买下塔椽十八根，三十，合钱四千二……”

文书大多数标价以“元”为单位，如果价格中出现小于元的“角”“分”的小数单位时，第一行“角”所对应数字的下方使用“△”符号代表“角”位。“△”尖头应正对着“角”所对应的数字符号的中间，起到数字隔位点的作用。同理，“分”所对应的数字符号正下方的位置指示符号通常使用“卜”来指示。

民国二十四年（1935）杨氏兄弟分家单中记载了兄弟二人的分家事由，并且用苏州码对土地分配的具体数目以及院落、空基做了详细的记录（图 2）。大致情形记载如下：

> 立分单人杨万选、杨万善，情因我弟兄俱已年迈，所有家中房产地土尚未分析。若不预为办理清楚，诚恐日后到子侄辈手发生纠葛，因而邀同家属万春、值春等秉公处理，毫无偏向，将所有房产地土按两股分清。自立分单后各执各业，永无异词。恐后无凭，立分单存证。
>
> 计开：
>
> 万选分到村西渠地四亩二三、窑圪洞地三亩一五、短畛地五亩三二五、北河地八亩七五、王都道地一亩四。

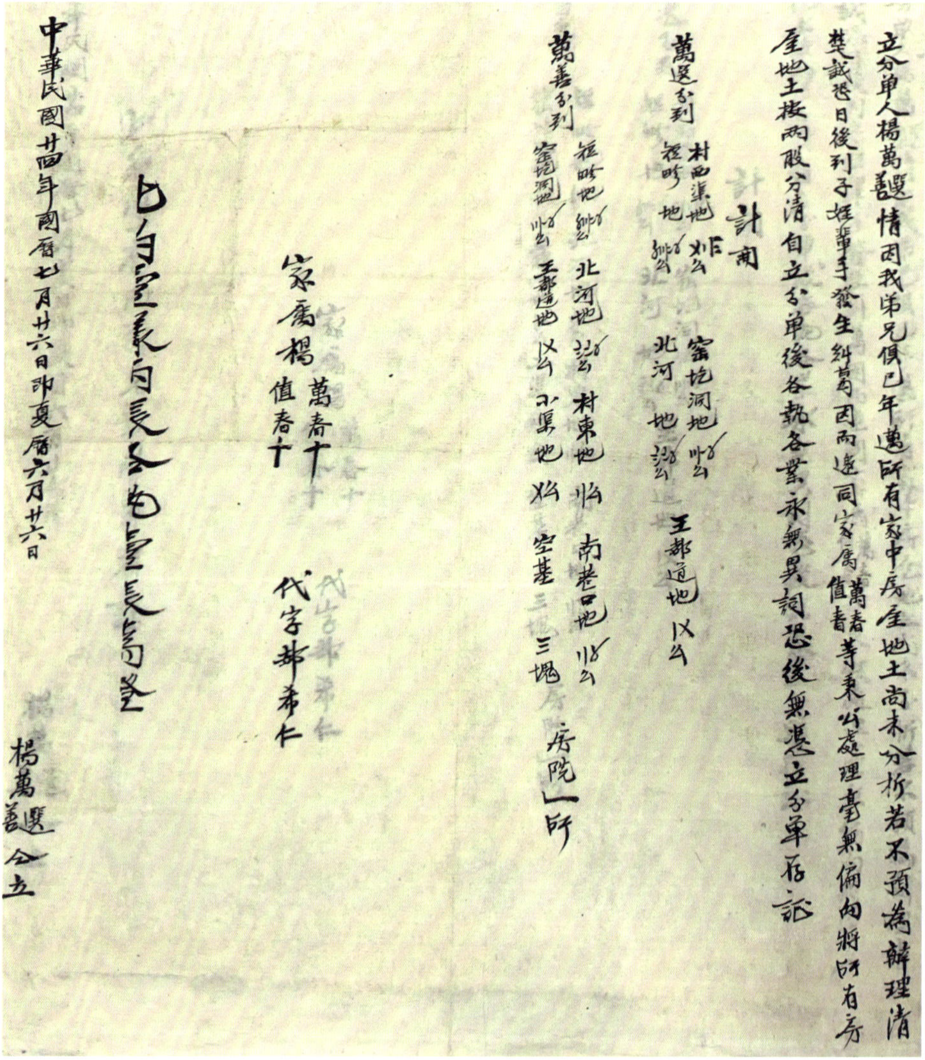

立分单人楊萬善萬選情因我弟兄俱已年邁所有家中房屋地土尚未分析若不預為辦理清楚誠恐日後列子姪輩等發生糾葛因而邀同家屬萬春值春等秉公處理毫無偏向將所有房屋地土按兩股分清自立分单後各執各業永無異詞恐後無憑立分单存証

計開

萬選分到 村西渠地 [illegible] 窑圪洞地 [illegible] 王郝道地 [illegible] 短畛地 [illegible] 北河地 [illegible]

萬善分到 短畛地 [illegible] 北河地 [illegible] 村東地 [illegible] 南巷口地 [illegible] 窑圪洞地 [illegible] 王郝道地 [illegible] 小渠地 [illegible] 空基三塊 房院一所

家屬楊萬春十 值春十

代字郝希仁

中華民國廿四年國曆七月廿六日即夏曆六月廿六日

楊萬善萬選仝立

图 2 民国二十四年（1935）杨氏兄弟分家书

万善分到短畛地五亩三二五、北河地八亩七五、村东地二亩、南巷口地二亩五、窑圪洞地三亩一五、王都道地一亩四、小渠地四亩、空基三块、房院一所。

家属：杨万春　杨值春

（名字后边的“十”字为画押符号。——撰者注）[5]

清光绪末年丈量土地记录册对丈量的土地做了详细的记载，土地的属性（水地或旱地）、四至、形状、各边长度、面积记录如下（图3）：

陈万银原水地二分五（陈旁“过”为过户至陈万银名下，下同。——撰者注）。东至陈五儿，西至渠，南至河，北至渠。梯形。南阔（记录册此处“活”是“阔”的俗写，下同。——撰者注）二丈一二，北阔二丈零八，均阔二丈一，中长八丈一五，面积（“丏积”为面积的俗写，下同。经梯形公式计算，数完全对。——撰者注）一十七丈一一，新丈地二分九厘。杨树渠东往南。陈锜（“过”）原挫水地一亩六。东至陈天才，西至渠，南至陈立合，北至河。梯形。南阔三丈六二，北阔三丈八，均阔三丈七一，中长二十丈，面积七十四丈二。新丈地一亩二分四厘。麦。

清光绪年间为了增加国家赋税，重新清丈地亩，各级机构会填造鱼鳞册归户办粮。清华大学图书馆珍藏有一册山西曲沃县的鱼鳞册抄本。该册四十九叶，皮纸毛装，记录了土地所有者姓名、土地范围，用苏州码详细标示出了每块土地的面积、征粮。部分记载内

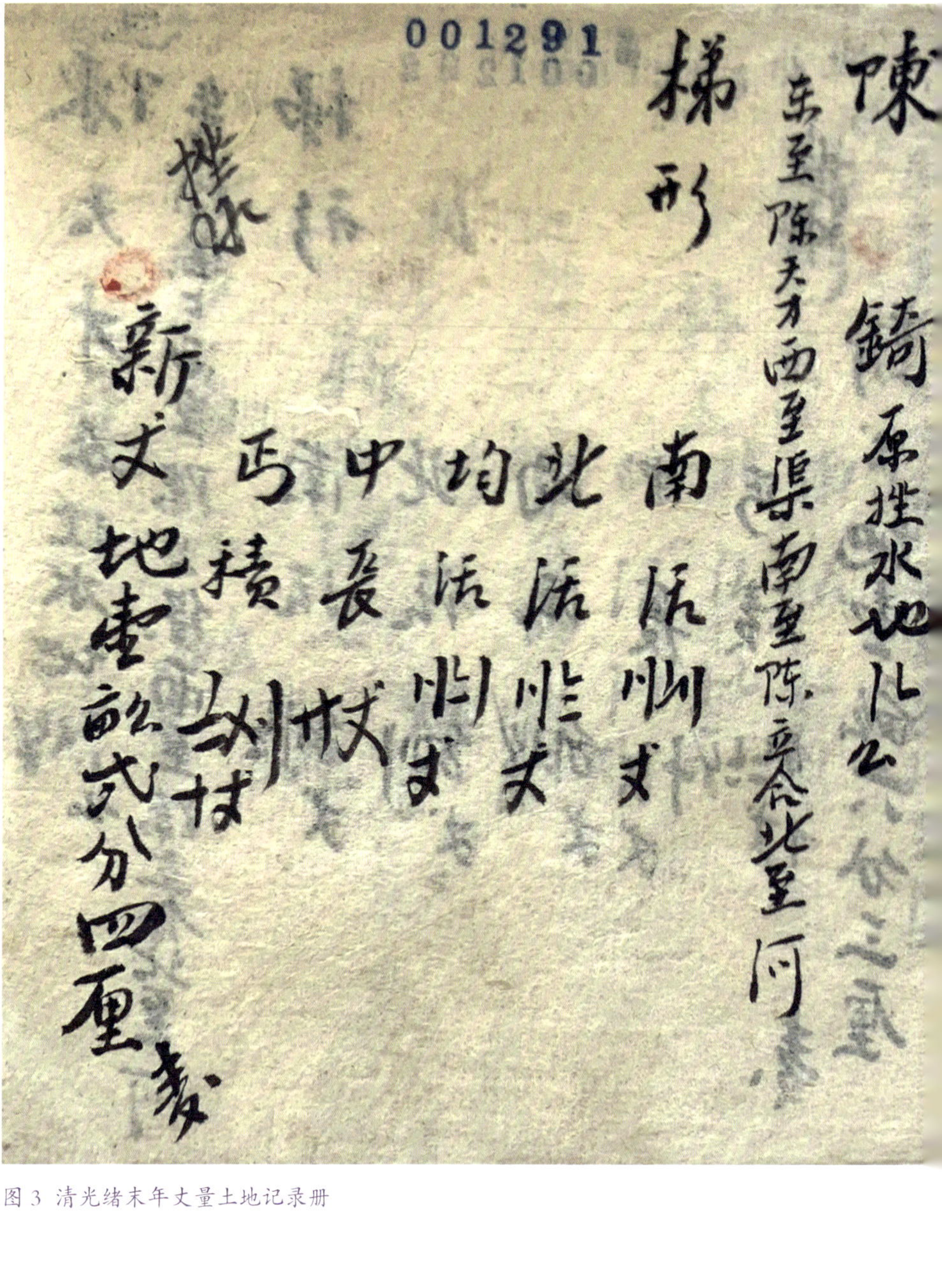

001291

陳錡 原挂水地[illegible]

東至陳天才西至渠南至陳立命北至河

梯形

南活[illegible]丈

北活[illegible]丈

均活[illegible]丈

中長[illegible]

匹積[illegible]步

新丈地壹畝弍分四厘[illegible]

图 3 清光绪末年丈量土地记录册

001290

陳下萬銀原水地〢〨分

東至陳玉亮 西至渠 南至河 北至渠

梯形

南活〦〢丈

北活〦〣丈

均活〦丈

中長〢〨丈

平積〤〦

北

新丈地弍分九厘

容如下（图4）：

> 原字围第十一段，地主秦达德，东至卢有忠，西至秦悦旺，南至上名，北至上名，南畛滩地，北畛滩地，十壹亩八分叁厘零毫六丝壹忽六微，长四十四（点）一杆，南阔十△三二杆，北阔九（点）一二杆。征粮。

文中的厘、毫、丝、忽、微是古代微小的长度单位。十尘为一沙，十沙为一纤，十纤为一微，十微为一忽，十忽为一丝，十丝为一毫，十毫为一厘。[6] 此外，杆也是当时当地民间丈量土地的单位，一杆折合为现在的五尺，即一点六七米。

苏州码除了在丈量土地方面的应用，亦在银钱记录、账目记录方面广为应用。光绪十七年（1891）正月复德魁（“复德魁”应为钱庄名称）记录的存钱账，文中每月三十日用苏州码记录存钱数目，且实存数目都写在盖章处，以示其不能修改。部分记载内容如下（图5）：

> 十九年正月，实存九万零四千三百七十八斗，三万八千二百五十八钱（“鈢”，“钱”的俗写。——撰者注），廿三千五百一十七，剩四万九千八十八。

通过清华大学图书馆藏民间文书资料可以看出，苏州码在民间草契、分家书、账本等文书中曾经有很广泛的应用。现今社会对于这些“神秘数字”应用得越来越少，理解并掌握苏州码的人愈发稀少，但在我国港澳台地区仍有使用苏州码，尤其是常见于香港、澳门的

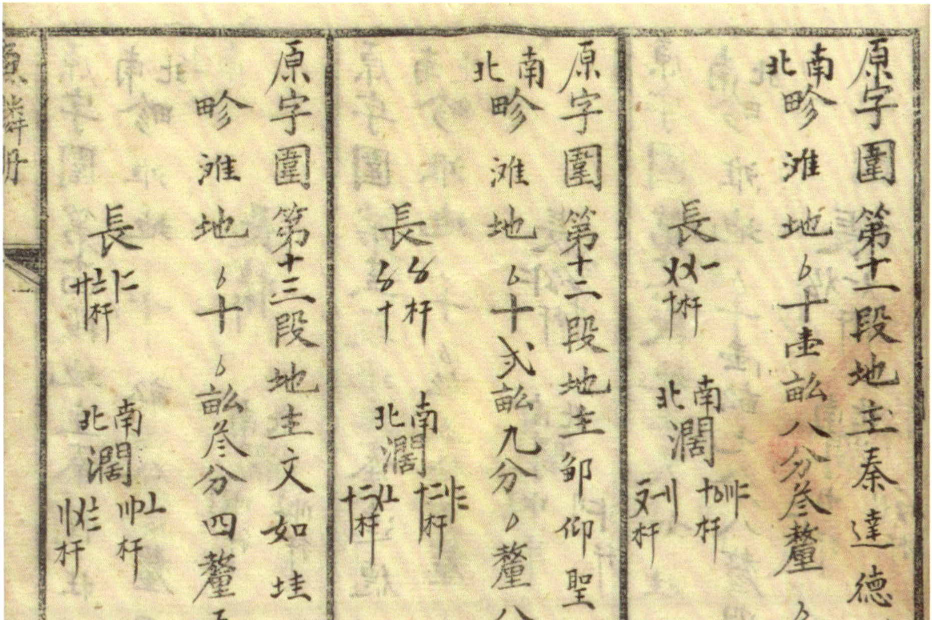

图 4 清末鱼鳞册抄本

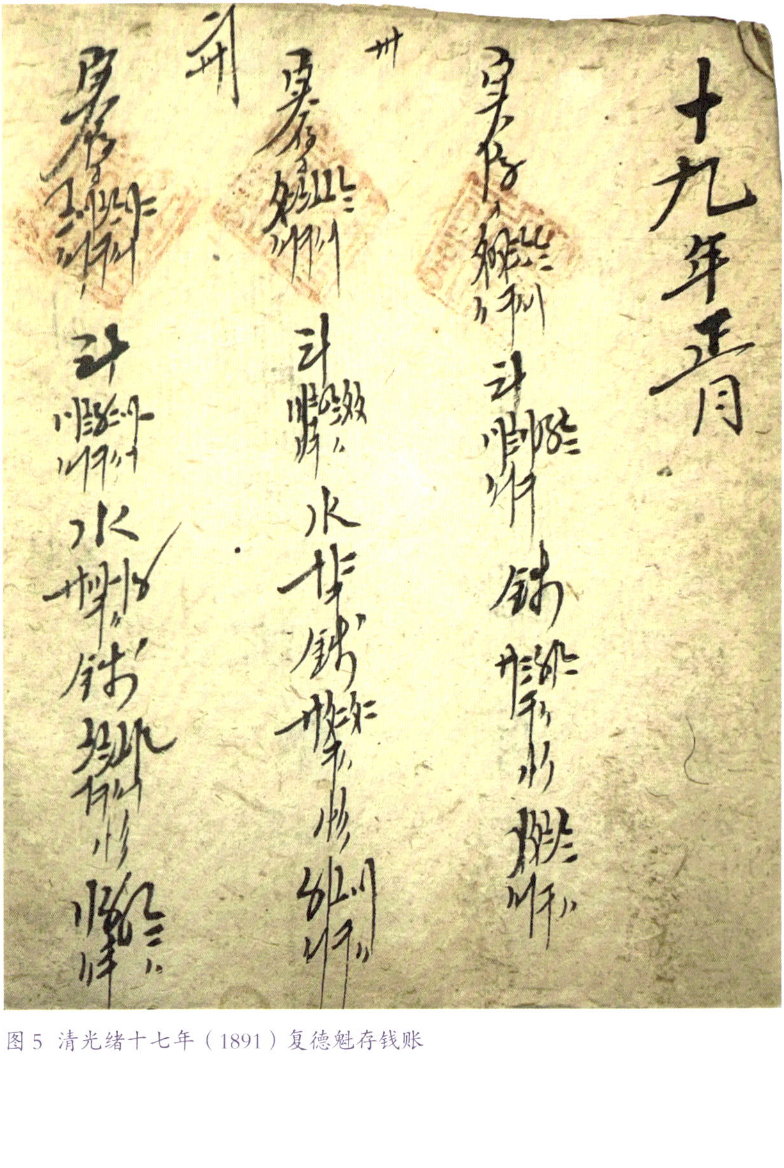

图 5 清光绪十七年（1891）复德魁存钱账

一些店铺。另外，一些华人华侨聚集的地方，如东南亚等国，仍在使用苏州码。

资料来源

[1] 冯立昇：《清华简〈算表〉的功能及其在数学史上的意义》，《科学》2014 年第 3 期。

[2] 白寿彝：《中国通史》第八卷《中古时代・元时期》（下），上海人民出版社，2013 年。

[3]〔明〕程大位：《新编直指算法统宗》，明万历刻本。

[4]〔清〕梅瑴成：《增删算法统宗》，清光绪六年庚辰（1880）刻本。

[5] 方孝坤：《徽州文书俗字研究》，人民出版社，2012 年。

[6] 吴成洛：《中国度量衡史》，商务印书馆，1937 年。

利物不如流，鉴形不如止

——水在清华大学图书馆藏民间文书修复中的利用

清华大学图书馆收藏的民间文书种类丰富，除最主要的土地地契，还包括了证照票据、信札家谱等多种资料。不同类型的文书，在用纸的选择上可能有所差异。从现有的馆藏文书来看，文书所用纸张以皮纸为主，也有部分文书采用了竹纸、混料纸、麻纸等。了解不同纸张的特性，对于文书修复来说至关重要。

在辗转流传的过程中，这些文书都出现了程度不一的破损情况（图 1）：普遍存在纸张老化、絮化、酸化、虫蛀鼠啮、霉菌腐蚀、重度粘连等破损现象；有的文书有严重的水渍与墨洇痕迹，文字严重污染，无法识读；少部分文书则一触即碎，甚至细碎成灰。这些破损情形严重阻碍了民间文书的研究与利用。因此，清华大学图书馆目前正在积极开展文书修复与保护工作。

a. 絮化

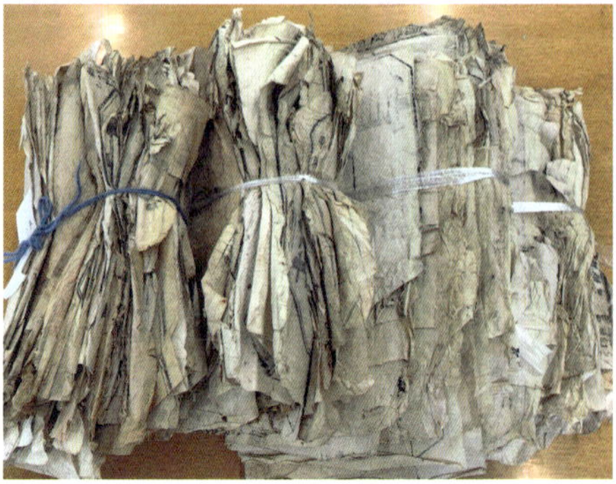

b. 酸化与霉菌

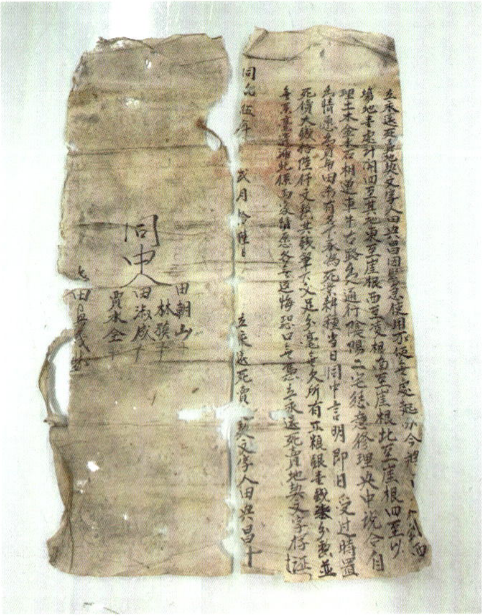

c. 重度粘连破损

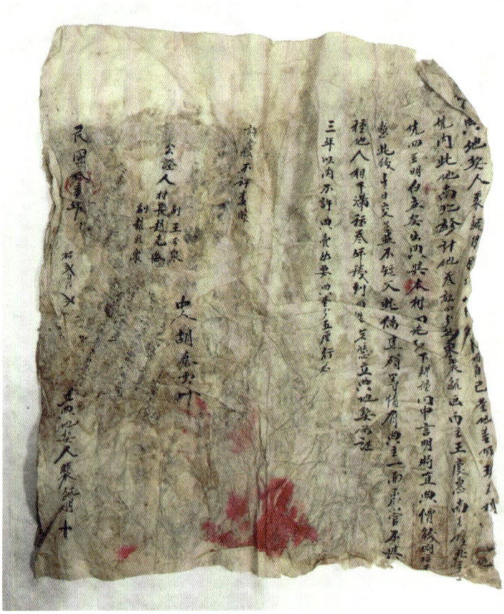

d. 严重水渍与墨洇

图 1 清华大学图书馆馆藏文书破损状态

自古以来,中国历代圣贤都曾将自己的喜怒哀乐寄情于山水中。例如，唐代著名诗人白居易在《玩止水》中咏道：“利物不如流，鉴形不如止。”水可以说是生命之源，为古今中外的文人所歌颂。

水是大自然最重要的资源之一，地球上大部分被水覆盖，空气里也富含水的成分。不同地方采集的水，如山泉水、湖水、井水、河水等，南北地域有差异，水质软硬度、纯净度也不同。水不仅可供人们日常饮用，而且在民间文书的用纸生产、印刷、书写及其修复保护中同样起着重要的作用。

清华大学图书馆目前收藏的民间文书所使用的纸张，大多由小作坊制作。不同历史时期和不同地区使用不同的原材料、打浆工艺和造纸工艺，因为造纸选材门槛低，所以制纸标准也不同。手工制纸又受环境、经济、人力等因素的影响，即使同一作坊，不同批次的纸张所使用的材料也存在很大差异。此外，这些文书还使用了相当数量的机制纸。

根据纸张书写用途来看，馆藏最多的是记载各类契约内容的契约文书，以皮纸为主，纸质纤维相对较好。另外，竹纸、混料纸、草纸也有大量使用。在这些纸张抄造的全流程中，浸渍沤制、蒸煮、洗浆、抄纸各个环节，水都是必不可少的，可以说是水成就了纸，纸又因水变得服帖而柔软，它们相辅相成，相得益彰。

民间文书上的内容是靠书写或印刷方式来记载的。在书写过程中，最重要的工具之一就是墨。朱墨的手工制造流程是十分考究的，炼烟、和料、制作、晾干、描金等工序都离不开水的参与。《天工开物》记载：“至画工肖像万物，或取本姿，或从配合，而色色咸备焉。依坎附离，而共呈五行变态，非至神孰能于斯哉？”[1]其中“坎”为水，“离”为火，水火运用得当，相互作用，则可孕育出许多用于书画创作的浓淡殊色的朱墨，确是自然神奇玄妙之处。

在馆藏民间文书的修复与长期保存工作中，根据每件文书不同的纸张类型与破损程度来设计不同的修复方案。在每个个性化的修复方案中，对水的使用都是非常讲究的。

例如，淀粉用水加热熬制，可制成糨糊，糨糊是天然的黏合剂。文书纸质不同，比如皮纸纤维长，竹纸纤维短，因此，调制糨糊需要稀薄适中，才能使修复好的文书保持柔软而不结硬块。

在修复文书时，喷水量亦需根据纸张特性来进行相应调整。褶皱的文书因喷洒水而舒展平复，品相保存良好的文书只需进行喷水展平工作。破损酸化严重的文书则需托裱，文书因水与糨糊得以托裱。在去除文书上的污渍时，使用温水会更有效。补纸染色时，则需使用橡椀子或板栗壳等熬制出带有色彩的水。其中水量的多少都在修复师的掌握之中，过多与过少都不足以成就一张文书的完好修复。水与纸有时是一场生与死的零和博弈，有时则更像一场配合完美的悠扬协奏曲。

古文献记载了很多使用不同的水对文物修复保护呈现不同的奇效。例如，在唐代《历代名画记》中的《论装背褾轴》描绘：“古画必有积年尘埃，须用皂荚清水数宿渍之，平案扦去其尘垢，画复鲜明，色亦不落。”[2]明代《装潢志》提道：“如霉气重，积污深，则用枇杷核锤浸滚水，冷定洗之，即垢污尽去，或皂角亦可，用则急将清水淋解枇杷、皂角之余气，否则又为画害，慎之”。[3]

大英博物馆的资深高级修复师邱锦仙老师曾用豆浆水修复清代画作。邱老师说道，在修复过程中使用豆浆水，是中国的传统方法。因新纸与老纸光泽度不同，使用豆浆，最主要是做出有光泽的效果，因为豆浆有一种特别的光。大英博物馆要求修复时不能使用化学品，因此用豆浆来代替胶矾水把补洞打熟，使修复效果更为贴近原本的样貌。[4]

图 2 作者在修复文书工作中

“水可载舟，亦可覆舟”，在修复文书的过程中，如果对水运用不当，轻则需调整水量，进行重复作业；重则损毁纸张，无法弥补。其中机巧是多一分则盈，少一分则亏。自来水和未经处理的水中包含各种杂质，如果直接用来修复文书，可能会对文书造成二次污染，尤其是酸性的水对文书会造成不可逆的伤害。已经酸化的纸张，可使用“水溶液脱酸法”进行抢救性脱酸，即使用净化水配制弱碱性溶液，如氢氧化钙溶液。多项研究表明，脱酸水溶液酸碱度宜在 pH7~9，过酸或过碱都会对纸张脱酸效果造成影响。[5] 在文书修复与保护中，水是很好的媒介。如果运用得当，即可在“整旧如旧”的大前提下，获得更好的修复品相与良好的后续保存条件。但是，如果应用不当，则会对文书造成损害。

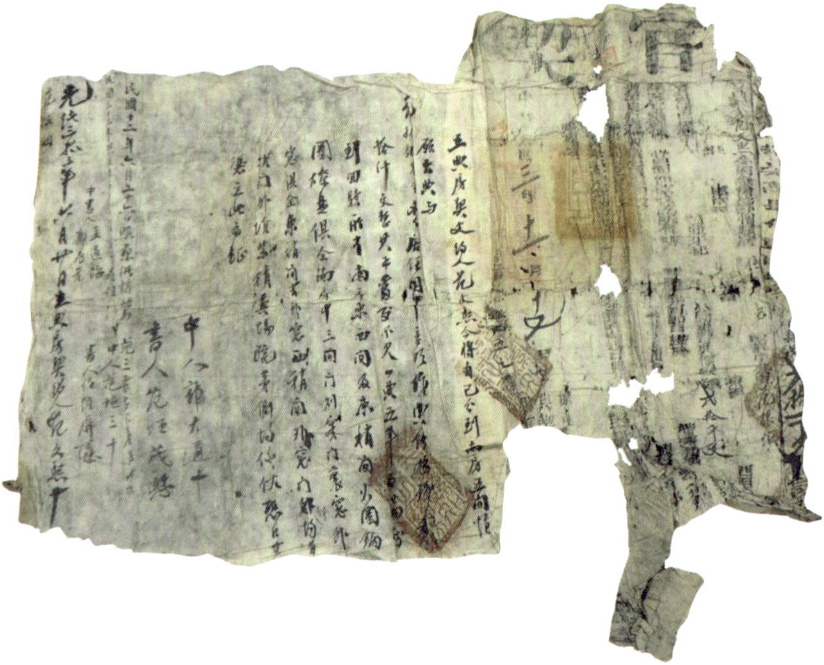

图 3 清光绪年间山西平遥地契文书修复前

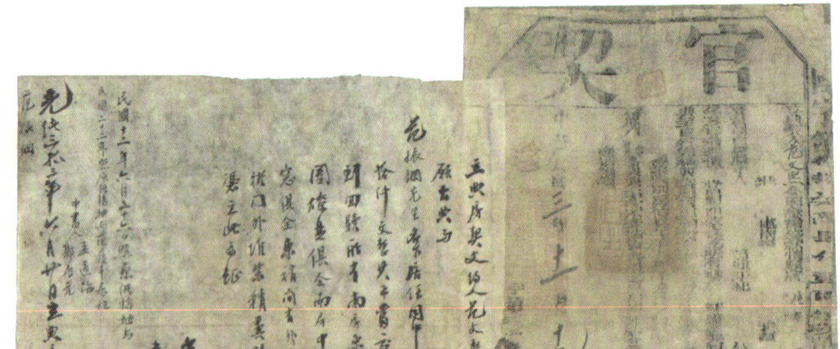

图 4 清光绪年间山西平遥地契文书修复后

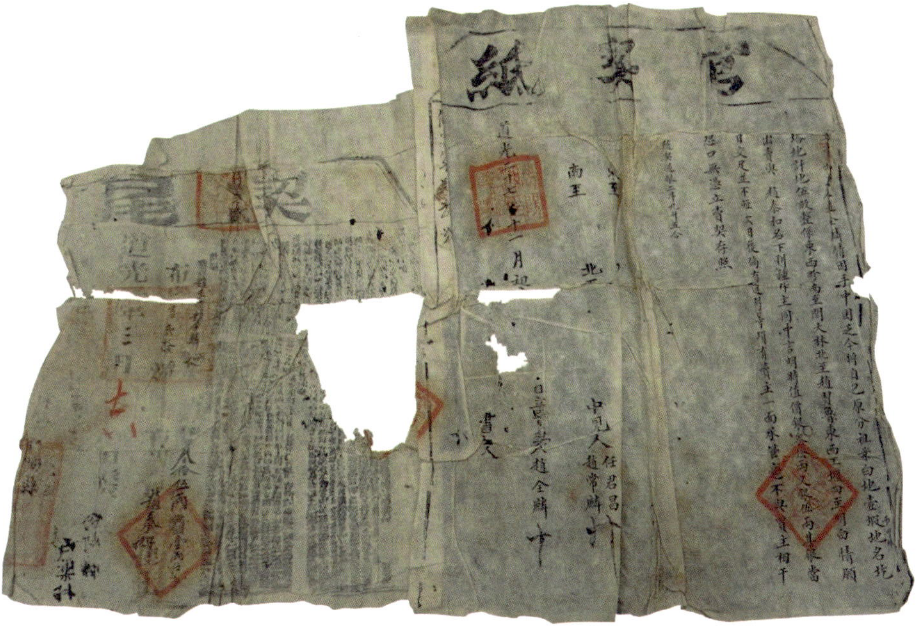

图 5 清道光年间山西汾阳地契文书修复前

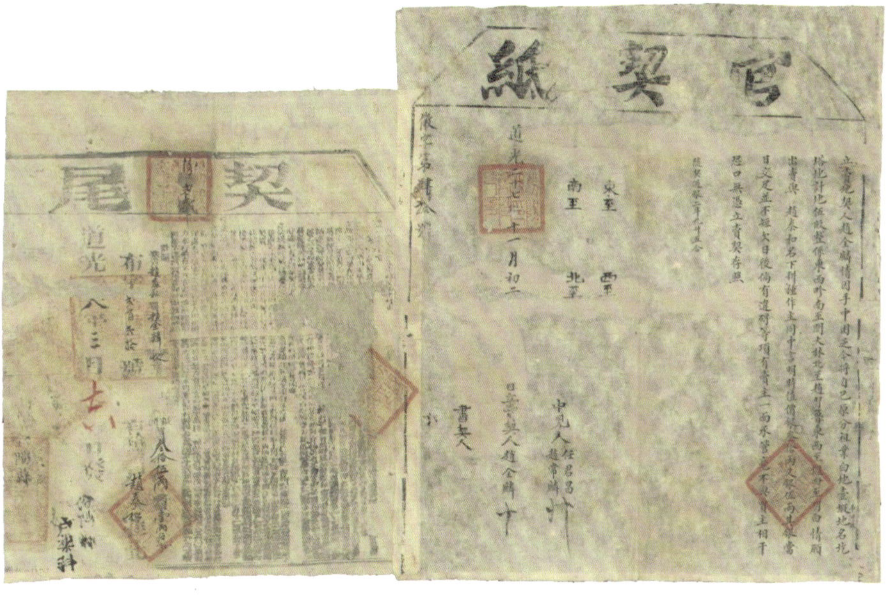

图 6 清道光年间山西汾阳地契文书修复后

明末装裱工艺家周嘉胄认为，装裱良工应具备“补天之手，贯虱之睛”同时又“灵慧虚和，心细如发”。[6]民间文书作为不可再生资源，具有重要的文献和文物价值。在文书修复与保护中，作为修复师，首先要对文书怀揣敬畏之心，在修复前必须反复斟酌，研判出最适合的方式方法与材料工具，才可动手修复。修复师需要在长期修复实践中日积月累，掌握成熟的修复方法。

民间文书的修复与保护任重道远，修复专业人员缺口极大。从事民间文书修复的专业人员，不仅要熟练使用各类修复手段、工具与材料，练就一手熟练精湛的手艺，同时也要具备一定的文化素养和富有责任感的细腻心性。修书即修心，“心如止水鉴常明”，希望有更多有志于此的年轻人加入民间文书修复与保护的事业。

资料来源

[1]〔明〕宋应星等：《天工开物》，岳麓书社，2002 年。

[2]〔唐〕张彦远：《历代名画记》，上海人民美术出版社，1963 年。

[3] 王云五：《丛书集成初编》，商务印书馆，1935 年。

[4] 邱锦仙：《书画修复过程中豆浆水的使用》，《美术报》2016 年第 5 期。

[5] 周崇润、李景仁：《谈谈图书馆纸质文献的酸化与脱酸》，《图书馆界》2004 年第 4 期，第 55—56 页。

[6]〔明〕周嘉胄：《装潢志》，中华书局，1985 年。

后记

近年来，民间文书在史学界持续得到关注与重视，为了能够及时地服务于教学与科研，清华大学图书馆也展开了对民间文书的采购与收藏工作。在整理馆藏文书的过程中，我们意识到这些来自民间的史料不仅是重要的学术研究文献，而且它们包含着的丰富信息也与今天的生活息息相关，有其独特的趣味和价值，理当为更多的读者所接触和了解。出于这样的目的，我们萌生了写作系列普及性文章的想法，希望介绍民间文书的一些基本类别，并在此基础上说明其在形制和内容上的特点、在历史生活中所起的作用，以及我们在阅读、使用和保护这些文书时所接触到的知识点。这本书正是在这样的思路下写成的。在开始的部分，本书主要介绍了文书的基本情况，包括其主要类别和内容、收藏情况以及学界研究情况等；然后，又具体介绍了六种文书，分别是乡试试卷、婚姻文书、鱼鳞册、坟谱及墓地地契、分家书和诉讼文书，这些文书涉及民间生活中的土地、民俗、科举与司法等方面；此外，还介绍了与文书密切相关的两处知识，一是在文书中常见的苏州码，二是文书修复中对纸张和水的要求。

为了更好地呈现相关内容，我们采取了分题而作的方式。《清代、民国契约文书》由清华大学历史系博士生郝鑫撰写，《清代省级科举考试的考题什么样？》由清华大学图书馆韦庆媛撰写，《民间婚姻文书中的“礼”与“契”》和《历史中的土地——清华大学图书馆藏清代鱼鳞册中的山西古村》两部分由清华大学图书馆郑妙苗撰写，《民间文书中的“一抔之土”》由清华大学历史系博士毕业生崔思朋撰写，《分家书中的山西乡村家庭》由清华大学历史系博士生唐子阳撰写，《从一桩邻里官司看民国时期的地方诉讼》由清华大学图书馆于丽英撰写，《解密苏州码——清华大学图书馆藏民间文书中的数字密码》由清华大学图书馆马雪艳、魏成光撰写，《利物不如流，鉴形不如止——水在清华大学图书馆藏民间文书修复中的利用》由清华大学图书馆贾鑫、魏成光撰写。

这本书最终能够顺利成稿并出版，得益于清华大学图书馆领导的大力支持，无论是馆藏文书资源的建设还是使用，都给予了作者们很多便利。也正是因为有馆藏的十万余份文书资料做基础，我们才有了写作本书的动力和底气。感谢冯立昇、刘蔷、游战洪和何玉四位老师，对本书的选题和内容均提出了宝贵意见。还需感谢清华大学历史系仲伟民、阿风两位文书研究专家从专业角度给予的修改意见和建议。感谢浙江大学图书馆韩松涛老师，对本书部分内容给出了专业、细致的校订意见。广西师范大学出版社的杨磊编辑以及其他几位编辑老师在本书出版过程中提供了诸多帮助与支持，在此并致谢忱。

我们希望这本书传达出民间文书中生活气息浓重的一面，让读者对尘封于故纸堆中的平民生活有更加直观的感受与认识，并透过文书泛黄的“历史”面纱，看到其中鲜活生动的普通人、普通事。

本书编者

2022 年 10 月